AF239840

SPIEGELUNGEN

Zehn neue literarische
Stimmen aus Italien

PAOLO DI PAOLO | SIMONE GIORGI | GABRIELLA KURUVILLA | GAIA MANZINI
LUDOVICA MEDAGLIA | DEMETRIO PAOLIN | ANNA PAVIGNANO
IGIABA SCEGO | SIMONA SPARACO | NADIA TERRANOVA

SPIEGELUNGEN

Zehn neue literarische
Stimmen aus Italien

NONSOLO

Spiegelungen | Vite allo specchio

© 2018 *nonsolo Verlag*, Freiburg

Erste Auflage, September 2018

Umschlag, Satz und Layout: Michelangelo Mochi
Gesetzt aus der Alda OT CEV
Druck und Verarbeitung: CPI buch bücher.de GmbH, Birkach

Für die Erzählung *Die Ikone*: © Copyright [2018] Igiaba Scego.
Published in agreement with Piergiorgio Nicolazzini Literary Agency (PNLA)

Die Erzählung von Nadia Terranova wird im Einverständnis
mit MalaTesta Lit. Ag. Milano veröffentlicht.

Printed in Germany
ISBN 978-3-947767-00-7

Inhaltsverzeichnis

Vorwort

Es ist geschafft. Nach einem Jahr intensiver Arbeit ist er endlich da, unser erster Titel: eine Kurzgeschichtensammlung mit zehn Erzählungen von ebenso vielen italienischen Autorinnen und Autoren. Eine Anthologie in deutscher und italienischer Sprache, die Debüt und Absichtserklärung zugleich ist: Denn der *nonsolo Verlag* hat es sich auf die Fahnen geschrieben, sich ausschließlich der Veröffentlichung zeitgenössischer literarischer Werke aus Italien zu widmen und diese so dem deutschen Publikum zugänglich zu machen. Und was wäre hierfür besser geeignet, als zum Auftakt gleich zehn neue Protagonistinnen und Protagonisten der italienischen Literaturszene vorzustellen?

Bei allen Erzählungen (mit nur einer Ausnahme) handelt es sich um bisher unveröffentlichte, exklusiv für unseren Verlag geschriebene Texte, denen ein gemeinsames Leitmotiv von (heute mehr denn je) brennender Aktualität zugrunde liegt: die Identität, interpretiert in ihren verschiedensten Facetten. Die Autorinnen und Autoren – in Italien bereits etabliert und in der Mehrzahl schon mit renommierten Literaturpreisen ausgezeichnet oder zumindest dafür nominiert (siehe hierzu die biographischen Anmerkungen) – sind dem deutschen Publikum noch weitgehend unbekannt; eine unerklärliche Lücke, die es endlich zu schließen gilt. Doch damit enden die Gemeinsamkeiten der zehn hier vorgestellten Texte auch schon – denn einer der Gründe, warum wir uns für sie entschieden haben, liegt eben in der Vielfalt der Register, die sie bedienen. Wir wollten Ihnen, liebe Leserinnen und Leser, ein so breitgefächertes Bild wie möglich der aktuellen italienischen Literaturszene bieten, um dem Wunsch all derer entgegenzukommen, die wie wir in Deutschland leben und dabei dennoch über das, was in Italien gerade veröffentlicht wird, auf dem neuesten Stand bleiben wollen.

Trotz des unbestreitbaren Engagements einiger hervorragender deutscher Verlage, die seit jeher die Literatur unseres Landes im Blick haben und befördern, ist es dennoch so, dass die auf dem deutschen Buchmarkt erscheinenden Werke der italienischen Literatur nur die Spitze des Eisbergs sind, während einer Vielzahl neuer und hochinteressanter Stimmen, die eine Bereicherung unseres literarischen Panoramas darstellen, nicht der Raum zugestanden wird, den sie eigentlich verdienen. Wir haben uns zum Ziel gesetzt, dieser Tendenz entgegenzuwirken, und die Anthologie, die Sie nun in Händen halten, ist ein erster Schritt in diese Richtung.

Auch wenn die vorliegende Sammlung – der Natur der Sache geschuldet – keinen Anspruch auf Vollständigkeit erheben kann und will, sind wir doch der Meinung, dass sie einen repräsentativen Querschnitt des aktuellen literarischen Schaffens in Italien in vielen Facetten bietet. Neben vielversprechenden neuen Autorinnen und Autoren, die bereits ein beachtliches mediales Echo hervorgerufen haben (wie Demetrio Paolin und Simone Giorgi), und solchen, die stolz auf mehrere Veröffentlichungen zurückblicken können (Nadia Terranova, Simona Sparaco, Gaia Manzini), haben wir auch namhafte Erzählerinnen mit Migrationshintergrund (Igiaba Scego, Gabriella Kuruvilla), eine ganz junge Nachwuchsautorin (Ludovica Medaglia) und eine Grenzgängerin zwischen Film und Literatur (Anna Pavignano) zu Wort kommen lassen. Eine besondere Erwähnung gebührt – last but not least – Paolo di Paolo, dessen Erzählung den Band eröffnet: nicht nur wegen seines Erfolgs in Italien und im Ausland, sondern auch, weil dieses Projekt ohne seine Unterstützung niemals das Licht der Welt erblickt hätte. Die zahlreichen Gespräche mit ihm – die vor einigen Jahren bei einer seiner Lesungen in Freiburg ihren Anfang nahmen – und seine wertvollen Ratschläge haben maßgeblich dazu beigetragen, dass unser Vorhaben tatsächlich Realität wurde. Danke, Paolo.

Da wir eine zweisprachige Anthologie vorstellen, wäre es undenkbar, das Thema der Übersetzung nicht zur Sprache zu bringen. Die Wahl des Titels *Spiegelungen / Vite allo specchio* spielt nicht nur auf das Thema der Identität an, das sich wie ein roter Faden durch die zehn Erzählungen zieht, sondern auch auf die besondere Art und Weise, wie die italienische und die deutsche Version in einem einzigen Band vereint sind. Die Übersetzung steht hier nicht, wie häufig der Fall, neben dem Original, sondern – vertikal gespiegelt

– „auf dem Kopf" und präsentiert sich als eigenständiges Werk: dem Original zur Treue verpflichtet, aber ohne jene 1:1-Übereinstimmung, wie sie der direkte zweisprachige Vergleich nahelegt, und die das Risiko in sich birgt, zugunsten einer wortwörtlichen Treue den Geist des Originals am Ende doch zu verraten.

Auch bei der Auswahl der Übersetzerinnen haben wir uns für eine Vielfalt an Stimmen und Stilen entschieden: Christiane Burkhardt, Ragni Maria Gschwend, Ruth Mader-Koltay und Stefanie Römer stellen Ihnen aus vier verschiedenen Perspektiven vor, wie sich Texte im Zuge der Übertragung interpretieren lassen. Ein herzliches Dankeschön auch an sie alle für die geduldige, unermüdliche Sorgfalt, mit der sie sich diesen alles andere als leichten Texten gewidmet haben. Ein besonderer Dank geht an unsere Lektorin Irene Pacini, die als Übersetzerin durch die harte Schule der werblichen *Transcreation* gegangen ist, und die den Übersetzerinnen stets hilfreich zur Seite stand, wenn es darum ging, die treffendste Lösung zu finden – die nicht immer die wörtlichste ist.

Wenn sich schon die bikulturelle Zusammensetzung des Teams als unschätzbarer Vorteil erwiesen hat, so waren die tragenden Säulen des Erfolgs doch vor allem der Idealismus und die Begeisterung, mit denen sich alle Beteiligten monatelang in die Verwirklichung dieses Projekts stürzten. Danke an alle, die wunderbare gemeinsame Zusammenarbeit war die wahre Antriebsfeder dieses Vorhabens. Apropos, ich habe Marco Bardazzi, der sich um alles im Bereich IT und Online-Kommunikation gekümmert hat, und unseren Designer Michelangelo Mochi noch gar nicht erwähnt – was hiermit nachgeholt sei: Ohne die beiden stünden wir heute nicht da, wo wir stehen.

Lassen Sie mich dieses Vorwort mit einem klassischen „Viel Spaß beim Lesen" und einer Einladung beenden: Schauen Sie doch ab und zu auf unserer Website **WWW.NONSOLOVERLAG.DE** vorbei, und bleiben Sie so auf dem Laufenden hinsichtlich unserer nächsten Projekte, die in Kürze folgen werden.

Denn das hier ist erst der Anfang... versprochen!

Alessandra Ballesi-Hansen
Gründerin und Verlegerin *nonsolo* Verlag

Paolo Di Paolo

Der Hafen des Vergessens

Aus dem Italienischen von
Christiane Burkhardt

Dobrodošli. Ein Wort hat genügt. Es hat genügt, es auf einem Schild zu lesen – es in Zadar zu lesen –, um die Erinnerung zu wecken. Ich hatte eine Sprache gelernt, vor zwanzig Jahren! Doch es war, als hätte ich sie gelöscht, verdrängt. Wo hatten sie sich nur versteckt, die Brocken Serbokroatisch – erworben im schmucklosen Raum eines Kulturvereins in Ciampino? Wo waren sie gelandet, in welchem Brunnen des Vergessens, *dobar dan, dobro veče*, guten Tag, guten Abend, *molim vas*, bitte, danke, auf Wiedersehen? Ich konnte den einen oder anderen Satz lesen und aufsagen, konnte „Wie geht es dir?" fragen, was mich zum Lachen brachte: *Kako si? „Dobrodošli, Dalibor." „Kako si, Dalibor?"* Ein Gruß, den man benutzt, wenn jemand ankommt: *Dobrodošli*. „Willkommen". So hatte es auf Serbokroatisch und Italienisch in großen roten Lettern auf einem Transparent gestanden, das an ihn, an sie alle gerichtet war: damals, als sie auf einem kleinen Platz in der Nähe des Bahnhofs aus dem Bus stiegen. Ein paar Kinder ohne Familie oder aber aus kaputten, durch den Krieg zerrissenen Familien.

Dalibor! Wenn es stimmt, dass die Zeit für alle gleich schnell vergeht, müsste er jetzt mehr oder weniger in meinem Alter sein. Ich habe nur einen winzigen Ausschnitt aus seinem Leben mitbekommen und er aus meinem – einen Sommer, anderthalb Monate im Sommer 1995. Das war es dann. Danach habe ich nicht mehr nach ihm gesucht, ihm nicht geschrieben und mich auch nicht nach ihm erkundigt. Ohne dass ich jetzt wüsste, warum. Ich kann den Grund für diese plötzliche Gleichgültigkeit nicht benennen. Wir hatten uns doch angefreundet in diesen anderthalb Monaten – so wie es zwei zwölfjährige Jungen unweigerlich tun, die sich noch nie zuvor gesehen haben, dann aber die sich träge hinziehenden Schulferien tagtäglich vom Frühstück bis zum Abendessen gemeinsam verbringen. Und dabei alles teilen müssen – auch das Kinderzimmer, mein Kinderzimmer, und sogar die Klamotten, wenn nötig.

Ich könnte auf Facebook nach ihm suchen, doch darauf habe ich keine Lust. Ich kann mich noch an seinen Nachnamen erinnern und sehr gut an sein Gesicht – an seine Art, die Augen zusammenzukneifen und den Kopf schräg zu legen, bis das Kinn beinahe die rechte Schulter berührt.

Ich habe auch nicht vor Ort nach ihm gesucht. Das wäre gar nicht gegangen – deswegen hatte ich die Reise nicht angetreten. Mit ein paar T-Shirts, Unterhosen und Büchern im Gepäck erkundete ich Kroatien wie ein Badeurlauber. Zuerst mit einem Zug, der in Rovigno, Rovinj, hält, wo alles so aussieht wie eine etwas seltsame Fortsetzung von Italien; und wo dich der istrische Kellner sofort aufzieht: 'taliano? Bravo. Dann mit dem Bus nach Pula – ein kleines Hotel neben dem römischen Triumphbogen erinnert daran, dass Joyce mal irgendwo hier gewohnt hat: Anfang des zwanzigsten Jahrhunderts, als Englischlehrer für österreichisch-ungarische Offiziere. Mit der Fähre von Pula nach Zadar, Aufbruch bei Sonnenaufgang – eingehüllt in rosa Morgendunst. Die Dinge haben ihre Konturen noch nicht wiedererlangt. Mit belegter Zunge döst du weiter, machst die Augen auf und schließt sie noch mal, schlägst sie erneut auf, und dann ist da nur noch Meer. Die Adria, wie es gleich zu Beginn des kleinen Reisebreviers heißt, das ich dabei habe.

Die Seiten wellen sich vom Salzwasser und das gefällt mir. *Breviario mediterraneo* von Predrag Matvejević. Als es heute vor dreißig Jahren erschien, hat es uns gelehrt, das Mittelmeer, das wir *mare nostrum* nennen, mit anderen Augen zu sehen. Ich weiß, dass meine entspannten, abgelenkten Mitreisenden das nicht präsent haben – der Riesenkerl, der sich auf den Sitzen ausstreckt, den Schonbezug von der Kopflehne reißt und ihn sich über die Augen wirft, die Freundin, die sich auf ihn legt, den Kopf zwischen seinen Beinen. Eher verschlafen als sinnlich. „Es ist schwer, die tatsächliche Farbe des Meeres zu bestimmen", lese ich. „Es gibt so viele, verschiedenartige, unfassbare. Wir bezeichnen es normalerweise als blau, aber das ist es längst nicht immer."

Zara, Zadar, ist bei unserer Ankunft ein Korridor aus brodelndem Licht, der den Hafen säumt. Es hat fast vierzig Grad. Du ziehst deinen Rollkoffer hinter dir her und schwankst – ein Sonnenrausch, der die Wahrnehmung verzerrt und das Warten noch endloser macht: Der Vermieter kommt nicht. Du rechnest schon mit dem Schlimmsten, die Fassade ist in einem schlechten Zustand, in den gesprungenen Fensterscheiben spiegelt sich das Gebäude von gegenüber, das endgültig dem Verfall preisgegeben ist – Unkraut und Kletterpflanzen haben sich dieselben Freiheiten erlaubt wie bei einer Ruine. Der Vermieter kommt dann doch noch, den Helm und zwei kleine gekühlte Wasserflaschen in der Hand. Das Bad ist klein, stellt euch einfach vor, ihr seid auf einem Boot, scherzt er vorsorglich in gebrochenem Englisch. Im gemeinsamen Hof geht eine uralte Frau vorbei, in Pantoffeln schleppt sie sich tief gebeugt vorwärts, hängt die Wäsche nervenaufreibend langsam auf und verschwindet wieder. Wir lachen gespielt erschreckt, dann lieben wir uns, während wir ständig befürchten, sie könnte wiederkommen, an die Scheiben klopfen oder so.

Ich nehme das Brevier mit zur Mole, lese dort weiter, wo ich aufgehört habe, und da steht doch rein zufällig auf Seite sechsundzwanzig, wo ich kurz vorher ein Eselsohr gemacht habe, dass Molen der zuverlässigste Hafenschutz sind. „Die Molen sind unter anderem der Beweis dafür, dass ein Hafen mehr ist als nur ein einfaches Depot, ein Ort des Be- und Entladens, mehr als Technik und andere Einrichtungen. Die dortigen von Seilen abgeschliffenen Poller sind Zeugen des Hafenbetriebs: der Ankünfte und Abfahrten, des An- und Ablegens." Ich springe ins Wasser und bade das erste Mal. Das Wasser wirkt sauber, ist es aber nicht. Einen Kilometer weiter erzeugt sein Wogen ein seltsames Geräusch, ein Plätschern, das zu Musik wird. Man nennt es Meeresorgel, fünfunddreißig Rohre, die Tag und Nacht von den Wellen zum Klingen gebracht werden. Die Menge wartet auf den Sonnenuntergang – einer der schönsten der Welt, wie manche sagen; die Handys hoch über die Köpfe gestreckt, fangen sie Licht ein. Ein junger Mann fällt auf die Knie und hält um die Hand seiner Freundin an, überreicht ihr den Ring, steht auf und fällt erneut auf die Knie. Es herrscht ein solches Durcheinander, dass es nur wenige bemerken. „Ich trage mich schon lange mit diesem Gedanken", sagt er auf Spanisch. Die Umarmung legt nahe, dass sie Ja gesagt hat. Als ich abends auf den am Eingang ausgehängten Speisekarten das Wort *dobrodošli* lese, ist die Erinnerung auf einmal wieder da.

Und so trage ich dieses Wort bis Spalato, Split, wie einen Ohrwurm mit mir herum. Das Brevier enthält eine Abbildung vom alten Hafen und vom Diokletianpalast, es handelt sich um einen Druck aus dem 18. Jahrhundert. Ich lese gerade die wunderschönen Seiten, auf denen sich Matvejević über Namen auslässt – über die Namen für das Meer. Die Südslawen nennen es nach wie vor *more*, ein Neutrum. Als sie auf die Griechen trafen, schnappten sie das Wort *thalassa* auf „und bezeichneten dann damit die Wellen, das aufgewühlte Meer." So ist es auch heute Nachmittag, es wirft die Fähre hin und her, die uns auf die Insel Hvar bringt. Auch die Inseln ändern ihre Namen, entnehme ich meinem Brevier. Der Autor beschreibt sich als „inselsüchtig", eine Krankheit, die von der Medizinwissenschaft noch nicht klassifiziert wurde und diejenigen befällt, die sich nach dem Leben auf einer Insel sehnen, die diesen kleinen, von Wasser umgebenen Welten nicht widerstehen können. In Stari Grad auf Hvar bestelle ich neben jungen Japanern, die zu einer ungewöhnlichen Tageszeit Fisch essen, eine *rožata*, eine Art hellen Pudding. Ich blättere in Matvejevićs *Breviario* und sehe, dass er in Mostar geboren ist, was mir bisher noch gar nicht so bewusst war. Die Mutter Kroatin, der Vater Russe, die offizielle Heimat Bosnien. Er schreibt übers Meer, obwohl er weit weg vom Meer geboren wurde. Nach seinem Tod, letztes Jahr im Februar, ist die berühmte Alte Brücke blau beleuchtet worden, in einem Mittelmeerblau, während ein Trompeter die melancholischen Melodien von Delo Jusić gespielt hat.

Spätestens jetzt steht der Umweg fest. Wir mieten uns einen Wagen, nach einer Nacht, in der wir wenig und schlecht geschlafen haben. Eine nicht enden wollende, verlassene Autobahnstrecke. Zwei oder drei Grenzkontrollen. Eine ländliche Hügellandschaft – Busse mit Pilgern, die nach Medjugorje wollen, kommen vorbei. Innerhalb von zwei Stunden bekommt der Urlaub ein völlig anderes Gesicht, die Badeurlauber parken nun im Trockenen unter dem Bauskelett eines Gebäudes. Ziellos laufen wir durch Mostar. Dann suchen wir die Alte Brücke und verlaufen uns dabei. Das ist also Mostar: eine seltsame Stadt voller Bagger und Baustellen, die aussehen wie stillgelegt; die Terrasse vom Hotel Bristol mit den runden Tischchen, die darauf warten, dass man einen Kaffee daran trinkt, mit Blick auf das Nichts, auf das, was von einem ausgeweideten Gebäude übrigbleibt, ein Ziegelgerippe. Eine Frau hüstelt genervt, als wir Trümmer fotografieren. Doch eine andere tritt beiseite, lächelt und lässt uns gewähren – als wäre das ein Themenpark, ein Disneyland des ausgehenden zwanzigsten Jahrhunderts. „*Don't forget '93*", verkündet ein Wandbild – doch selbst wenn man wollte, wie soll man das vergessen? Ein kleiner Friedhof neben einer Moschee ist vollgepfercht mit Grabsteinen, auf denen allen dasselbe Sterbedatum steht. 1993. Die Geschwister Alena und Smajo wären heute genauso alt wie ich. Sie sind mit knapp zehn gestorben.

Da entsteigt Dalibor dem Brunnen des Vergessens – Dalibor, der so alt ist wie sie und ich, der den Krieg überlebt hat, dessen Spuren Mostar noch heute trägt. Jedes Mal, wenn er das aufgedunsene Gesicht von Milošević in der Zeitung oder im Fernsehen sah, tat Dalibor so, als würde er zum Gewehr greifen und schießen, wobei er das Rattern eines MG nachahmte. Ich wusste, begriff so gut wie nichts von diesem Blutbad, es ging um slawische Namen, um zerstörte Städte, um die entsetzten Gesichter von Kindern in den Flüchtlingslagern. Dalibor war gekommen, um den Sommer bei einer italienischen

Familie zu verbringen. Am ersten Abend sprach er kein Wort, schloss sich sofort im Badezimmer ein. Ich klopfte, weil ich reinwollte, und er duschte, vollständig bekleidet. Wie hatte ich das nur vergessen können? Warum hatte ich so lange nicht mehr an ihn gedacht? Sein kleiner, magerer, biegsamer Körper, das Herumgehüpfe auf dem Bett, die Kissenschlachten, seine Bitte, ihm italienische Schimpfwörter beizubringen. Wie ich ihn anlog. Wie es mich manchmal eifersüchtig machte, die Aufmerksamkeit meiner Eltern mit ihm teilen zu müssen. Wie ich mich hinterher dafür schämte.

Man kann an einen Ort gelangen, ohne zu wissen, dass man nach jemandem sucht, und erst dort merken, dass man auf der Suche ist. Zwischen den Türmen und Minaretten von Mostar, zwischen den verschleierten Frauen um die Alte Brücke – wo Männer in Badehosen gegen Geld ins Wasser springen. Auf den Fahnen steht nach wie vor „Kroatisches Mostar". Manche Stoffgeldbeutel ziert das Konterfei von Marschall Tito. Das Wasser ist smaragdgrün. Von Plakaten verheißen halbnackte Frauen irgendwas. Dalibor schien mehr darüber zu wissen – mit Sicherheit mehr als ich: Das merkte ich an seinem verschmitzten Lachen.

Man kann an einen Ort gelangen, ohne zu wissen, dass man nach jemandem sucht. An einer Straßenecke sehe ich ein Kind sitzen, das sich ruckartig bewegt und Selbstgespräche führt. Es stößt einen seltsamen Laut aus, ununterbrochen, pa-pa-pa-pa. Ich habe keine Ahnung, wo Dalibor ist, vielleicht längst nicht mehr in Bosnien. Ob er sich noch an mich erinnert oder nicht, will ich gar nicht wissen. Würde mich eine traurige Antwort erwarten? Ich für meinen Teil hatte ihn fast vergessen, wie auch die Sprachbrocken, die ich nur gelernt hatte, um mit ihm reden zu können. Mir fällt kein einziges Wort mehr ein. Seltsam!, denke ich, dass eine Erinnerung aus der Zeit, als ich zwölf war, ausgerechnet hier wieder aufblitzt, siebenhundert Kilometer von zuhause entfernt. Ich habe die gleiche Reise zurückgelegt wie er damals, nur in umgekehrter Richtung – umsonst und viel zu spät, in der blöden, privilegierten Rolle eines Badeurlaubers, der zwischen den kahlen Hügeln Mostars gestrandet ist.

Während ich Split auf dem Seeweg verlasse, hallen mir Matvejevićs Worte noch in den Ohren – dass man das Alter der Mole am Zustand der Poller erkennt, beziehungsweise an dem, was noch davon übrig ist. Und dass die Stadt dem Hafen etwas von dem zurückgibt, was sie von ihm bekommen hat, „um etwas mehr zu sein als das, was sie ohne ihn wäre." Gilt das auch für die Begegnungen in unserem Leben? Wie dem auch sei: Auch ein Fracht-hafen, so Matvejević, kann zu einem Hafen des Vergessens werden.

Simone Giorgi

Der genaue Moment

Aus dem Italienischen von
Ragni Maria Gschwend

Als erstes kam der Krankenwagen, dann der Anruf beim Bestattungsinstitut und dann der Ansturm der Verwandten: Allein gelassen haben sie uns, Marina und mich, erst um viertel nach elf Uhr nachts. Und nur auf unser Drängen hin. Es war nicht leicht gewesen. Marina war großartig, sie hat vorgegeben, etwas müde zu sein, und alle haben dafür Verständnis gezeigt, waren damit einverstanden; ja, schlafen, das sei jetzt das einzig Richtige. Als ob es genügte zu schlafen, um den Verlust eines Kindes zu vergessen.

Die letzte Verwandte, eine Tante von Marina, hat auf dem Treppenabsatz gezögert und die anderen an sich vorbeigelassen. Vielleicht wollte sie mir etwas Tröstliches sagen, dachte ich. Nein, als ehemalige Bäuerin – daran gewöhnt, sich auf praktische Weise mit der Aufeinanderfolge der Jahreszeiten auseinanderzusetzen, diesem Hin und Her von Sterben und Geborenwerden auf den bestellten Feldern, diesem Auf und Ab von Todesfällen und Geburten in einer armen vielköpfigen Familie – wollte sie mir etwas sagen, das mir das Ganze bewusst machte; sie sah mich, sah uns, zu ruhig, zu nüchtern, zu unbeteiligt. Vor allem Marina. Ich habe versucht zu weinen, nachmittags ist es mir gelungen, es war ein befreiender Moment – für die anderen: Ja weine, weine nur, weine, ja, weine, weine, weine nur. Das tut dir gut, tut dir gut.

Marina ist es nicht gelungen. Sie war immer sehr emotional, ganz körperlich. Die ersten Male als wir nackt nebeneinander lagen, als uns der Liebesakt wie ein Kampf erschien gegen die bloße Idee, eines Tages könnte der Tod in unser Leben treten, neckte ich sie: Es ist nutzlos, du kannst nicht lügen. Marina ballte die Fäuste, als fühlte sie sich von mir herabgesetzt: Warum sollte ich nicht lügen können? Weil dein Körper redet: Du reißt die Augen auf, wenn dir etwas gefällt, rümpfst die Nase, wenn du gegen etwas bist. Du krümmst dich zusammen, wenn ein Gespräch dir unerträglich erscheint, streckst die Brust heraus, wenn ein Vorschlag dich begeistert. Wenn eine Idee dich mitreißt, lässt du den Mund offenstehen, halboffen, zehn Millimeter zwischen Ober- und Unterlippe: Wir haben das auf deinem Foto ausgemessen, erinnerst du dich?

Doch an jenem Abend, genau in dem Moment, in dem er starb, bist du zu Glas geworden: Ich hatte, als ich dich ansah, nicht wie sonst den Eindruck, in dich hinein zu sehen, sondern hinter dich. Ich sah dich an und sah hinter dir das gerahmte Foto mit dem Sonnenuntergang und einer hawaiianischen Frau, die ihn bewundert – ein Geschenk von deiner Mutter, gefallen hat es uns nicht, aber wir mussten es trotzdem dort hängen lassen. Ich sah dich an und sah das Gesicht meines Vaters, der, hinter dir, seine Brille nach oben schob und weinte, weinte, wie wir es hätten tun sollen, dann öffnete er den Mund, die Sinusitis zusammen mit der Ergriffenheit hinderte ihn daran, durch die Nase zu atmen. Er atmete mit offenem Mund, bis sein Rachen austrocknete. Dann stand er ruckartig auf, um etwas zu trinken, stolz, dass seine fünfundsechzigjährigen Beine noch in der Lage waren, so prompt zu reagieren. Diese Promptheit schloss ihn, in seiner Vorstellung, aus der Gruppe der Alten aus; für ihn sind die Alten diejenigen, die zwischen Impuls und Aktion das Denken einschalten müssen, diejenigen, die sich nicht plötzlich erheben können, diejenigen, die für jede Bewegung eine Vereinbarung mit ihrem Körper treffen müssen, sich überlegen, wie sie ihn sich gefügig machen können, oder, schlimmer noch, sich dem Körper ausliefern, es ihm mit seinen Einschränkungen überlassen, den gedanklichen Raum festzulegen, zu sagen, an was für Handlungen man noch denken kann und welche man nach und nach ausschließen muss. Dieser Ruck brachte meinen Vater zurück zu seiner unerschütterlichen Haftung an das Leben, zu seiner Fähigkeit, ganz gegenwärtig, ganz bei sich zu sein und, in dieser goldenen Autarkie, das Glück in den magischen Kreis seines körperlichen Wohlbefindens einzuschließen. Sobald er im Esszimmer an den Tisch kam, schenkte er sich Saft ein und suchte vorwurfsvoll meinen Blick, um seinen Verdruss zum Ausdruck zu bringen. Er hasst es, die Befriedigung seiner Grundbedürfnisse durch Nachlässigkeit erschwert zu sehen: Ist das denn die Möglichkeit, dass es nur Plastikbecher gibt und keine Gläser? Sobald er meinen Blick kreuzte, folgte er dessen Spur bis zu dir. Er erinnerte sich, warum wir da waren. Er schloss die Hand etwas fester um den Plastikbecher, trank ihn dann aus in einem Zug. Dann ging er zurück an seinen Platz, fing wieder an zu weinen.

Ich schaute dich an und sah die ersten Wolken, die um fünfzehn Uhr achtundzwanzig auftauchten. Während das Licht im Zimmer schwächer wurde, nahm ich den Geruch unserer kleinen Pizzen wahr, die Hefe, die Tomatensoße, die salzige Meeresluft, die der Wind hereinwehte. Auch die anderen sahen nichts, wenn sie dich anschauten. Sie haben sich Sorgen um dich gemacht. Deswegen wollte deine Tante mir beim Weggehen sagen: Bleib in ihrer Nähe, denn heute ist es ein Traum, aber morgen... Ein Traum? Wollte sie Albtraum sagen? Wie kann das ein Traum sein? Und wo werden wir erwachen? Sie hat es zweimal wiederholt, heute ist es ein Traum. Morgen.

Dann habe ich die Tür geschlossen. Im Schlafzimmer, auf der Seite liegend, die Beine lang ausgestreckt und an den Knöcheln gekreuzt, stelltest du dich schlafend. Als ich dich betrachtete, konnte ich nur das erkennen, was ich sah: eine Frau, meine Frau, die schwarzen Haare zu einem Schwanz gebunden, deine schmalen Lippen, die Stirn gerunzelt, als ob du dich auf etwas konzentrieren wolltest, der große Busen, der auf- und niederging aufgrund des synkopierten Atems, der keine Ähnlichkeit hatte mit dem eines Menschen, der sich ausruht – dieser Atem und die gerunzelte Stirn haben mich an eine Verfolgung denken lassen. Verfolgst du etwas, Marina? Verfolgst du ihn? Wohin, wohin könnten wir ihm folgen?

Sobald ich mich aufs Bett setzte, sobald du begriffen hattest, dass wir allein waren, hast du die Augen geöffnet. Du wolltest nichts essen. Ich lag neben dir, vier Stunden und achtzehn Minuten lang. Ich hatte Hunger, hatte Lust etwas zu essen. Ein Psychologe würde sagen, dass sich mein Verlangen nach Essen leicht deuten lässt: Ich wollte die Leere ausfüllen. Doch noch gab es keine Leere auszufüllen. Noch war es ein Traum. Marina hat von Arbeit gesprochen, sie müsse im Sekretariat anrufen wegen der Urlaubstage. Sonst hat sie nichts gesagt, nur eine Handbewegung gemacht wie ein Kind, das ein Spiel umwirft. Die Kinder, das wollte sie mir sagen: Wie werde ich jetzt wieder mitten unter den Kindern sein können? Marina ist Erzieherin. Ihre kleinen Schützlinge bewundern sie. Sie lacht viel, hört ihnen zu, spielt mit ihnen und rollt sich auf dem Boden, als sei sie sehr viel jünger als ihre 41 Jahre (und bei diesem Spielen geht eine Strumpfhose nach der anderen drauf), erzählt ihnen Märchen, um sie zum Einschlafen zu bringen, aber sie lässt keinerlei Launen zu, verwöhnt sie nicht, erschreckt sie auch nicht durch ein Übermaß an Freiheit: Die Kinder, sagt sie mir oft, empfinden das, als würde man sie verlassen.

Marina sah mich an: Und jetzt?

Dann ist sie plötzlich eingeschlafen. Sie hat nicht geträumt, denn wenn sie träumt, bewegt sie sich im Schlaf. Ich hatte Hunger und ging ins Esszimmer. Ich sammelte sämtliche Reste auf dem Tisch zusammen, leerte den Kühlschrank und den Lebensmittelschrank. Ich warf einen Blick auf die Uhr: vier Uhr achtundvierzig. Ich bin ein Intellektueller, auch wenn ich es bei der Arbeit und bei den Freunden nicht heraushängen lasse. Ich habe immer viel gelesen. Mit achtzehn, als ich von zu Hause auszog, konnte ich nicht alle meine Bücher mitnehmen, es waren schon zu viele. Auch Theatertexte mag ich sehr. Mehr noch als ins Theater zu gehen. In dem Jahr, ehe Marina schwanger wurde, machten wir öfters ein Spiel. Sie, die gern ausging, sah sich eine Aufführung an; ich blieb zu Hause, um das Stück zu lesen. Nach ihrer Rückkehr tauschten wir Ansichten und Eindrücke aus.

Dann liebten wir uns, nicht mehr so, als müssten wir uns gegenseitig das Leben retten, sondern mit Hingabe. Eines Abends stand im Zentrum unseres Theater-Spiels „4.48 Psychose" von Sarah Kane. Diesmal liebten wir uns nicht, als Marina nach der Vorstellung nach Hause kam. Wir waren beide erschüttert von dem, was wir gerade gelesen (ich) beziehungsweise gesehen (sie) hatten. Wir recherchierten über Sarah Kane. Sie hat ihren Text so genannt, weil 4 Uhr 48 nach einigen Statistiken der bevorzugte Zeitpunkt für Selbstmorde ist. Ich aber habe nicht an Selbstmord gedacht. Ich habe angefangen zu essen, und je mehr ich aß, desto mehr bekam ich das Gefühl, dass die Nahrung, die mir zur Verfügung stand, nicht ausreichte.

Nach dem Marina und ich uns getrennt hatten, begegneten wir uns eines Tages zufällig in einem Bekleidungsgeschäft für große Größen. Fast zehn Jahre waren vergangen, und ich hatte gerade die 150 Kilo überschritten. Mein Körper ist zu meinem Gefährten geworden: Mit seinem Gewicht, das nach Meinung der Ärzte eine ernsthafte Gefahr für meine Gesundheit und sogar für mein Leben darstellt, erinnert er mich in jedem Augenblick daran, dass ich existiere, erbittet meinen Beistand, schränkt mich ein, beschützt mich.

Ich war in dieses Geschäft für große Größen gegangen auf der Suche nach einem Hemd, das mir passen könnte, hatte es aber rasch aufgegeben, das Hemd war zu eng und ich bekam keine Luft: Ich ermüde leicht, für einen Mann meines Umfangs ist das normal. Ich probierte gerade einen Hut und betrachtete mich im Spiegel. Aus den Lautsprechern des Geschäfts ertönte eine schreckliche, überlaute Musik. Der Spiegel, den ich vor mir hatte, war groß, ausreichend für zwei Personen: Ich füllte ihn ganz aus. Plötzlich erschien über meiner linken Schulter Marinas Kopf; sie war immer größer gewesen als ich.

Ich trat ein wenig zur Seite, und sie stellte sich neben mich. Es gelang uns nicht, uns in die Augen zu sehen, zumindest nicht direkt: Wir haben einander im Spiegel angeschaut. Warum war sie in dieses Geschäft gegangen? In der Hoffnung, mir zu begegnen? Machte sie das oft, an Orte zu gehen, an denen ich sein könnte? Früher einmal hatten wir keine Geheimnisse. Früher waren wir ein Vater und eine Mutter, Mann und Frau. Und jetzt?

Ich betrachtete ihr Spiegelbild: Sie färbt sich nicht mehr die Haare, hat tiefe Falten, einen zu großen Busen, einen Schnitt am Hals, vielleicht eine Narbe, vielleicht ein chirurgischer Eingriff. Sie schaute durch den Spiegel

zurück, versuchte meine Züge in diesem aufgedunsenen Gesicht wiederzu-
finden. Ich sah ihr gespiegeltes Bild, das mir zulächelte: ohne Bosheit, ohne
Hohn. Sie sah mein Spiegelbild lächeln: Auch ich sah es, und das war seit
langem nicht mehr geschehen.

Gabriella Kuruvilla

Maß und Mitte

Aus dem Italienischen von
Ruth Mader-Koltay

Es ist fünf Uhr morgens. Wenn du ein Mystiker bist oder ein Asket, wachst du um diese Uhrzeit auf und guckst dir die Morgendämmerung an. Dann begrüßt du sie, die Morgendämmerung, verbeugst dich und dankst: Denn sie ist die Geburt des neuen Tages. Ich weiß das, weil Mama das alles macht, dabei ist sie gar keine Mystikerin und keine Asketin, auch wenn sie so tut: Eigentlich hat sie bloß Schlafprobleme. Eine Psychologin mit Schlafproblemen – für mich ein Widerspruch in sich.

So wacht sie also um fünf Uhr morgens auf (sofern sie in der Zwischenzeit überhaupt ein Auge zugekriegt hat) und guckt sich – Begrüßung – Verbeugung – Dank – die Morgendämmerung an: aber mit Sonnenbrille. Weil man, wie sie sagt, alles abdämpfen soll. Nein, eigentlich sagt sie vor allem, dass man immer auf „Maß und Mitte" achten soll. Ich glaube, sie sagt das, weil das Publikum dann klatscht, wenn denn ein Publikum da ist. Und deshalb sagt sie es auch privat, also zu mir, ihrer Tochter. Weil sie vielleicht hofft, dass ich auch klatsche. Pfff. Das kann sie sich abschminken.

Für mich heißt „Maß und Mitte" so viel wie „nicht Fisch, nicht Fleisch" oder „nicht hü, nicht hott", also unfertig und unentschlossen. Aber auch: feige. Von wegen „Balance", noch so ein Wort, das meine Mutter so gerne sagt – und dann klatschen sie wieder, logisch. Aber von mir kriegt sie kein Geklatsche, da lege ich Wert drauf. Für mich ist Balance das, was der Seiltänzer macht, einen Fuß vor den anderen auf dem Seil in tausend Metern Höhe, das hat was mit echtem Schwindel zu tun, mit Absturz-(und Todes-)Gefahr. Nein danke: Ich will lieber leben.

Ich bin mehr so der „Alles-oder-nichts"-Typ. Aber Mama ist schuld, dass mein Leben, seit ich auf der Welt bin – also schon seit sechzehn Jahren –, die ganze Zeit von diesem „Maß-und-Mitte"-Ding beherrscht wird. So stellt sie mir zum Beispiel von allem Essen und Trinken immer nur eine halbe Portion hin: Curry, Milch, Spaghetti oder Chai, ganz egal. Immer nur eine halbe Portion, immer wegen der „Maß-und-Mitte"-Geschichte, logisch. Mit dem Ergebnis, dass ich mir dauernd dieses „androgyn" anhören darf – dabei würde „unterernährt" oder „halbernährt" es echt besser treffen.

Und ich denk mal, es war auch wegen dieser „Maß-und-Mitte"-Geschichte, dass sie mich mit einem Inder gekriegt hat: damit ich bloß keine ganze Italienerin bin und auch keine ganze Inderin, sondern Halbitalienerin und Halbinderin. Und auch nicht weiß oder braun, sondern so was Beiges dazwischen, wieder so ein Mittelding und eine gedämpfte Farbe auf jeden Fall. Noch dazu bin ich nicht groß und nicht klein, nicht schön und nicht hässlich, nicht intelligent und nicht dumm, aber auch nicht weiblich und nicht männlich – den letzten Punkt muss ich wohl noch besser erklären, glaube ich. Denn natürlich bin ich eigentlich ein Mädchen (schließlich habe ich ja auch meine Tage), aber manche halten mich für einen Jungen: Hier trifft „androgyn" es dann irgendwie doch.

Man muss dazusagen, dass ich an dieser Art Geschlechterverwirrung nicht ganz unbeteiligt bin: kurze Haare, nicht mal ein Hauch von Schminke, Klamotten wie ein Rapper – das alles spricht nicht gerade für übermäßige Weiblichkeit, logisch. Die raue Stimme Marke Nikotinvergiftung ist da wohl nur noch das Tüpfelchen auf dem i – oder die endgültige Bestätigung, falls da jemand noch Zweifel hatte. Und ich muss zugeben: Manchmal kriege ich die sogar selbst, solche Zweifel.

So sehr, dass ich mich in letzter Zeit andauernd im Spiegel angucke, ich denk mal, um mein Selbstbewusstsein aufzubauen. Es müsste einem aber auch mal gesagt werden, dass so ein Spiegel nichts anderes ist als ein Zweifel-Verstärker. Und außerdem brauchst du ja auch Gründe, wenn du dauernd in den Spiegel guckst. Denn die Leute merken das irgendwann. Mama zum Beispiel hat es gemerkt.

„Warum guckst du denn dauernd in den Spiegel?", hat sie gefragt.

„Es hat doch geheißen, ich soll mehr auf mich schauen", habe ich geantwortet (das war gelogen).

„Dir ist aber schon klar, was eine Metapher ist?", hat sie gefragt.

„Wieder irgendwas von dem Zeug in der Mitte, nehm ich mal an."

Und damit war das Gezicke um die dauernde Spiegelguckerei zu Ende, und um das Thema Metaphern auch.

Das Problem ist aber, dass mir manchmal echt abstruse und frustrierende Sachen passieren, die so ein Gespräch gar nicht erst aufkommen lassen. So wie neulich: Ich saß da in so einem Warteraum und irgendwann kam ich dann endlich auch mal dran (alle anderen waren ja auch schon gegangen). Zwei Angestellte kamen aus dem Büro raus, und da sagt die eine zur anderen, mit Blick auf mich: „Er ist jetzt dran".

„Er: also ich?"

„Ja, Sie", antwortet sie.

„Ah, sie, nicht er", – mein Kommentar.

Und die guckt mich total verdattert an. Und ich denk: Jetzt reicht´s, ich lass mir die Haare wachsen, fang an mich zu schminken, und zwar richtig krass, zieh mir Miniröcke an und Push-up-BHs und Pfennigabsätze, und wenn ich´s hinkriege, wackle ich auch noch mit dem Arsch. Aber den ersten, der dann Transe zu mir sagt, den bring ich um. Dafür krieg ich dann sicher mildernde Umstände, denk ich mal.

Aber wie auch immer. Jetzt ist es eben fünf Uhr morgens. Nicht mehr Nacht, aber auch noch nicht Tag: Meine Mutter wäre bestimmt stolz auf mich, dass ich auch diese „Balance" mal mitkriege. Aber ich brech hier gleich zusammen vor Müdigkeit. Und ich guck mir nicht die Morgendämmerung an, sondern wie es in unserer Wohnung aussieht. Ein echtes Schlachtfeld ist das hier. Leere Flaschen und dreckige Gläser. Überall. Hatte ich gar nicht gemerkt, gestern Abend, dass es hier so viele Flaschen und so viele Gläser gab. Gestern Abend sah doch noch alles richtig schön und aufgeräumt aus. Einfach perfekt. Gedämpftes Licht, laute Musik, meine Freunde. Und vor allem sie, Maya. Die ist immer perfekt. Scheiße, so was von perfekt. So perfekt werd ich nie. Schon allein deshalb, weil ich ja Maß und Mitte in einer Person bin, logisch. Durchschnittlich könnte man auch dazu sagen, hab ich mir neulich gedacht. Naja, egal. Für sie hatte ich das Fest gemacht, zum x-ten Mal. Ich weiß schon gar nicht mehr, wie viele Feste ich schon gemacht hab, immer nur für sie. Aber jetzt guck ich mich um, und das hier ist ein echtes Schlachtfeld. Ein einziges Chaos, das macht mich total nervös, keine Ahnung, wie ich das managen soll. So was mag ich gar nicht und Mama erst recht nicht: Sie sagt immer – und natürlich klatschen sie dann wieder –, dass Ordnung und Sauberkeit außen das Spiegelbild von Ordnung und Sauberkeit innen sind (und umgekehrt). Und sie wird heute Nachmittag von ihrer Tagung zurückkommen.

Mama ist an den Wochenenden immer unterwegs auf Tagungen. Da ist sie dann schön aufgeräumt. Dann kann ich nämlich hier feiern, während sie unterwegs ist, um den Leuten was über Indien zu erzählen – und zwar das, was die Leute über Indien hören wollen, nicht das, was sie wirklich über Indien denkt (wenn sie das täte, würde man sie wahrscheinlich nicht mehr einladen – oder wenigstens nicht so oft).

Einmal hat sie mich auch mitgeschleppt auf so eine Tagung. Ich saß im Publikum, aber ich war die einzige, die nicht geklatscht hat. Ich hab ihr nur zugehört und konnte es einfach nicht fassen. Aber ein bisschen musste ich auch lachen. Nicht weil Mama witzig war, absolut nicht, sie war nur aberwitzig. Und aberwitzig und witzig ist oft dasselbe.

Als wir ankamen, hatte sie T-Shirt und Jeans an und hohe Absätze. Aber bevor sie auf die Bühne stieg, sich hinter den Schreibtisch setzte und das Mikro in die Hand nahm, ging sie sich noch umziehen. Als sie wieder auftauchte, war sie in den Hochzeitssari gewickelt und barfuß in Sandalen (sie hatte sich auch die Haare zu einem Zopf geflochten und sogar ein Bindi zwischen die Augenbrauen gemalt).

Schickes Kostüm, dachte ich, schade, dass nicht Karneval ist.

Aber dann kam das Schlimmste, oder das Beste (wie man´s nimmt): Vieles davon hab ich allerdings schon verdrängt. Meine Erinnerung hat wohl so eine Art Ablagekorb mit Selbstzerstörungsfunktion. Dort sind wohl auch ziemlich viele von den Worten gelandet, die Mama an dem Tag von sich gab: ein Haufen Lügen aus dem Mund einer kompromisslosen Verfechterin der Wahrheit. Der Clou war, als sie Indien die Wiege der Spiritualität genannt hat: „Ich hab noch nie so materialistische Leute getroffen wie die Inder!", schreit sie jedes Mal, wenn sie mit Papa oder seinen Verwandten zu tun hat. Das liegt sicher daran, dass diese Begegnungen vor allem für den Austausch von Geld da sind, das sie von ihr wollen und das sie ihnen gibt, weil sie, fürchte ich, nie aufgehört hat, Papa zu lieben (während sie seine Verwandtschaft noch nie leiden konnte, was vermutlich auf Gegenseitigkeit beruht – aber ich glaube, sie versucht sie bei Laune zu halten, weil sie eben nie aufgehört hat, Papa zu lieben. Fürchte ich).

Einmal haben sie auch mich nach Indien gefragt. Ich hab gesagt, was ich denke, und dann war´s das mit der Fragerei nach Indien.

„Was denkst du über die Leute, die nach Indien gehen, um ihr wahres Selbst zu finden?", wollten sie von mir wissen.

„Ich glaube, in Indien kann man das kaufen, das wahre Selbst", hab ich geantwortet.

Ende der Durchsage.

Aber jetzt muss ich mich um das alles hier kümmern: Schön und aufgeräumt war gestern. Das Licht ist jetzt viel zu hell, die Musik ist aus und meine Freunde sind weg. Maya ist auch weg. Ihr Perfektsein hat sie mitgenommen. Naja, um genau zu sein, hat sie auch Pietro mitgenommen: Der ist nicht schön, nicht aufgeräumt und schon gar nicht perfekt. Ein echter Vollpfosten ist der. Noch dazu keine Spur von Sinn für Humor. Um genau zu sein: keine Spur von Sinn überhaupt, Punkt, aus. Der ist so drauf, dass er ihr an so einem Abend, als sie ihm schreibt: „Sollen wir ein Spiel machen?", antwortet: „Ich schau gerade einen Film." Dann schreibt sie nach einer Weile:

„Okay, aber willst du denn gar nicht wissen, was für ein Spiel?", und er wieder nach einer Weile: „Ich schau gerade einen Film." Und dann sie wieder nach einer Weile: „Okay, das Spiel geht so, dass du dich anfasst und dabei an mich denkst (und an keine andere)", und dann er wieder nach einer Weile: „Ich schau gerade einen Film." Und dann, nachdem sie mir diesen Chatverlauf erzählt hat, fragt sie mich doch glatt: „Aber jetzt sag mal ehrlich, meinst du, der hat wirklich einen Film geschaut?" Das war genau der Moment, in dem ich dachte, dass sie wohl füreinander geschaffen sind. Und dass ich nicht mal im Traum dran denken kann, mich da dazwischenzudrängen. Und dass er bestimmt eine große Zukunft als Cineast vor sich hat oder als Endlosschleifensprecher. Und vor ihr liegt eine große Zukunft in einer Hotline. Als Lehrling ist sie jedenfalls schon ziemlich gut.

Ich jedenfalls hätte, wenn sie *mir* so eine Nachricht geschickt hätte, wahrscheinlich aufgehört, diesen Film zu schauen. Aber das, was ich jetzt gerade vor mir seh, ist kein Film, und wenn doch, dann ein Horrorstreifen. Ich muss sofort wegzappen. Und egal, ob ich vor Müdigkeit zusammenbreche – hier muss aufgeräumt und geputzt werden, bevor Mama zurückkommt.

Es ist Mittag. Schon wieder was mit Mitte. Olé! Hier um mich rum ist jetzt alles wieder schön und aufgeräumt. Außer mir. Ich geh endlich ins Bett. Schlafe. Wache auf und es ist nicht mehr Abend und noch nicht Nacht: Ich finde, die Welt könnte jetzt eigentlich mal aufhören, wenigstens für heute, mich mit ihren „Balancen" zu beglücken. Die Sonne geht unter. Ich steh auf und schleppe mich in die Küche: Ich brauch jetzt Kaffee am laufenden Meter, einer wird nicht reichen. Ich bleib auf der Schwelle stehen: Das kann ja wohl nicht wahr sein, was meine Augen da sehen. Ich guck noch mal hin. Mama steht zwischen Tisch und Herd. Bis dahin alles soweit okay. Aber das Problem ist, sie küsst gerade ein Etwas mit haufenweise Piercings und blauen Haaren, in einem hautengen grünen T-Shirt, rosa Hotpants und auf orangenen Plateauschuhen. Weniger Maß und Mitte ist nicht vorstellbar, würde ich mal sagen: Und das gilt für das Etwas und auch für den Kuss. Und für die Farbzusammenstellung an dem Etwas, das Mama gerade küsst.

Ich will gerade den Rückzug antreten, als das Etwas, das Mama gerade küsst, losschrillt: „Hey, das ist doch dein Sohn, ist der aber hübsch! Du hast mir gar nicht gesagt, dass du auch einen Sohn hast, nur eine Tochter, aber die ist bestimmt auch superhübsch!"

In so einer krassen Situation hast du zwei Möglichkeiten: Entweder kriegst du Logorrhö davon, oder es verschlägt dir die Sprache.

Das Etwas hat jedenfalls die Logorrhö (aber vielleicht hat es die ja immer) und mir hat es die Sprache verschlagen. Mama übrigens auch.

Ich gehe auf das Etwas zu, strecke die Hand aus und sage: „Freut mich. Patmini."

„Hey, was für ein origineller Name, genau wie die Räucherstäbchenmarke!", kreischt das Etwas, genauso schrill wie vorhin – sie hat wohl keine andere Stimme, leider.

„Okay, ich geh dann mal wieder in mein Zimmer", sag ich. Und genau das tu ich auch.

„Alles hat seine zwei Seiten", sagt Mama.

Ausnahmsweise muss ich ihr wohl recht geben: Dass sie das Etwas küsst, heißt vielleicht, dass sie aufgehört hat, Papa zu lieben. Das wiederum heißt, dass wir viel mehr Geld haben werden: So kann ich mir vielleicht diese Harley Davidson kaufen, die ich so geil finde. Und mit der kann ich Mama davonfahren (und eventuell auch dem Etwas), immer wenn mir danach ist: Und das wird oft sein, fürchte ich.

Mit Vollgas: Denn mit Maß und Mitte fährst du keinem davon, du kriegst kein Tempo drauf, und vor allem: Du kommst nicht weit.

Gaia Manzini

Die Bärin

Aus dem Italienischen von
Ruth Mader-Koltay

Ich war acht Jahre alt, als meine Mutter mich zum Vorsprechen für eine Kakaowerbung mitnahm. Mit raschen Schritten lief sie auf dem Bürgersteig neben mir her und machte die ganze Zeit Witze, so als müsse das Vorhaben irgendwie entdramatisiert werden. Wir würden da einfach so zum Spaß mitmachen, um sagen zu können, wir seien dabei gewesen. Sonst nichts.

Während wir in der Schlange standen und darauf warteten, dass wir an die Reihe kamen, hatte ich gespürt, wie ihre Hand schwitzte, hatte aber nichts gesagt. Kurz bevor wir dran waren, kam die junge blonde Frau, die das Casting organisiert hatte, heraus auf den Gang und sagte uns, man sei sehr zufrieden mit der Auswahl des „weißen" Mädchens, für das man sich soeben entschieden habe. Alle anderen könnten also jetzt nach Hause gehen. Die Produzenten würden sich nun auf die Suche nach einem orientalischen und einem farbigen Mädchen konzentrieren.

Ich seufzte vor Erleichterung und zog Mama an der Hand: Es war Zeit, nach Hause zu gehen. Sie schaute mich mit großen Augen an und ihre Hand, die meine fest umklammerte, schickte mir merkwürdige Signale. Um nichts in der Welt würde sie jetzt wieder gehen.

Meine Mutter und ich sahen uns schließlich fünf Personen gegenüber, die hinter einem weißen Tisch saßen. Sie musterten uns erstaunt. Einmal im Park war eine Frau auf meine Mutter zugegangen und hatte sie gefragt, ob ich adoptiert sei. Meine Haut war schon immer richtig dunkel, meine Augen auch, meine Haare sind schwarz, meine Augenbrauen tiefschwarz und meine Lippen groß und kirschrot. Die Blonde vom Casting sagte laut unsere Namen. Ja, genau, das waren wir. „Aber was...?", fragte sie dann verwirrt. „Ihr Vater ist farbig", beendete meine Mutter die Unsicherheit, um klarzustellen, dass es sich nicht um einen Irrtum handelte: Wir waren beim richtigen Casting.

Ich starrte sie mit offenem Mund an, mir war übel, mein Hals wie zugeschnürt. Mit einem Ruck befreite ich mich aus der Umklammerung ihrer Hand und lief davon. Ich rannte, bis mir fast der Atem wegblieb, und hoffte, dass mich niemand sah, bis ich endlich den Ausgang zur Straße fand.

Meine Mutter hatte es fertiggebracht, das Blaue vom Himmel herunterzulügen, über uns, über mich, so besessen war sie von ihrem Wunschtraum – es war einfach zum Heulen. Ich war aber nicht wütend, sondern hatte Mitleid mit ihr. Als hätte sie einfach nicht gelernt, was man über das Leben wissen musste. Als schleppte sie sich mühsam vorwärts und versuchte dabei, auf raffinierte Art lässig zu wirken.

„Ein Bär?" Die Frau mittleren Alters schaut den großen Mann überrascht an, der an ihren Tisch getreten ist. Das Hotelrestaurant ist halb leer: Im Juni ist keine Hochsaison in diesen Bergorten. Ich bin vor der Hitze in Rom hierher geflüchtet. Und vor meiner Mutter.

„Wenn da draußen ein Bär herumläuft, kann man keine Wanderungen machen, ausgeschlossen." Die Frau ist aufgestanden. Sie trägt Wanderschuhe. Ich habe sie gestern schon gesehen, sie macht Urlaub mit ihrem ältesten Sohn. Der Mann, der die Nachricht überbracht hat, arbeitet im Hotel und scheint eine Art Bergführer zu sein. Ich schüttele den Kopf. Ein Bär – wer's glaubt, wird selig. „Wie lange hat man hier keinen Bären mehr gesehen?", frage ich und lege die Gabel hin.

„Seit zehn Jahren. Aber es ist kein normaler Bär. Es ist eine Bärin, ein Weibchen, das vor kurzem geworfen hat. Ein Muttertier. Sie ist hungrig und sehr aggressiv... Anscheinend hat sie schon einen Hund getötet." Der Bergführer rückt einen Stuhl zur Seite und setzt sich an meinen Tisch. Er schaut mich besorgt an, als ob mich das alles direkt etwas anginge.

Meine Mutter ist seit zwei Tagen tot. Ich habe einen Anruf aus Mailand erhalten, von der Frau, die sich in den letzten drei Jahren um sie gekümmert hat. Anscheinend erwartet mich dort ein Notar. Von meiner Familie sind jetzt alle verstorben, und es sind noch Dinge, Gegenstände, Wertsachen da, die mir gehören. Aber gehöre ich zu ihnen?

Meine Mutter ist gestorben und das erste, was ich tat, war, meinen Koffer zu packen. In die Abruzzen wäre meine Mutter nie gegangen. Hier kann mich keiner finden. Nicht einmal sie.

„Ich würde gern trotzdem gehen." Der Mann schaut mich an. „Die Wanderung, meine ich."

Ich will nichts herausfordern, sondern glaube einfach nicht, dass es wirklich gefährlich ist – die Wahrscheinlichkeit, auf ein wildes Tier zu treffen, ist doch sehr gering. Und außerdem will ich unbedingt wandern. Wandern und nachdenken, meine Seelenlandschaften neu vermessen. Ich habe einmal einen Läufer interviewt, im Auftrag der Zeitschrift, für die ich schreibe. Die Bewusstheit der Schritte, das Gehen als Meditation, solche Begriffe benutzte er. Die Bewusstwerdung des eigenen Selbst. Das ist mir im Kopf hängengeblieben wie ein Versprechen. Denn ich weiß gar nichts von mir, es kommt mir so vor, als würde ich mich ohne jede Sicherheit vorwärtstasten, wie jemand, der keinerlei Verankerung kennt, ein Stück Holz mitten auf dem Meer.

Unfähig, etwas aufzubauen, dem Dasein eine Form zu geben. Das hat sie immer zu mir gesagt.

Der Mann spielt mit einem Schlüsselmäppchen. Wenn es mir recht sei, könnten wir morgen um acht Uhr starten. Er sagt, er müsse sich vorher noch informieren, wo genau die Bärin gesehen worden sei, und wir würden uns auf jeden Fall von allzu abgelegenen Wegen fernhalten.

Der Pfad führt tief in ein Tal hinein, durch das ein noch junger Fluss fließt. Um Höhe zu gewinnen, muss man über einen der steilen Wege seitlich durch den Wald aufsteigen. Der Bergführer hat mir gerade gesagt, er werde den Weg zum Wasserfall nehmen, und ich habe genickt, ohne die leiseste Ahnung, wo er mich eigentlich hinführt. Mir ist aufgefallen, dass die Wege hier nicht markiert sind, und trotzdem geht er schnell und mit sicherem Schritt. Er heißt Giovanni.

„Von dem Bären hat man nichts mehr gehört?", frage ich nach einer Weile.

„Von der Bärin.... Es ist ein Weibchen."

„Ach so, ja."

„Nein, sie wurde nicht mehr gesichtet. Aber ich sehe es genauso: Die Wahrscheinlichkeit, ihr zu begegnen, ist minimal, vor allem auf den viel begangenen Wegen."

„Gestern im Hotel hatte ich den Eindruck, Sie seien sehr beunruhigt."

„Nein, da täuschen Sie sich. Schauen Sie, manche Legenden muss man pflegen..."

„Wie meinen Sie das?"

„Die Leute wollen, dass es den Bären gibt, sie wollen was zu erzählen haben. Und wenn sie es weitererzählen, ist das gut für den Tourismus."

„Verstehe... Das ist wahrscheinlich sehr wichtig für Sie."

Der Mann lacht und schüttelt den Kopf. „Ich bin nur in meiner Freizeit Bergführer. Eigentlich bin ich Tierarzt, habe viele Jahre mit dem Förster zusammengearbeitet. Ich habe mich um die Tiere in den Wäldern hier gekümmert. Verletzte Hirsche, kranke Falken, Wildschweine..."

„Auch Bären?"

„Nein, Bären nie."

„Sie kennen sich also gut aus mit Tieren?"

„Denke schon, ja."

„Auch meine Mutter... Auch meine Mutter kannte sich gut aus mit Tieren." Das rutscht mir so heraus, ohne einen bestimmten Grund. Es ist nämlich so, dass mich Tiere nicht besonders interessieren, ich liebe Bücher und die einzigen Tiere, die ich kenne, sind die bei Jack London, bei Faulkner und bei Melville. Tiere aus Papier und Tinte. An meiner Kleidung sieht man sofort, dass ich Städterin bin. Man sieht es auch an meinen Mokassins, dass ich einfach mit dem hergekommen bin, was ich gerade am Leib hatte. So wie wenn man vor einer Naturkatastrophe flieht.

Damals, als sie aus der Klinik zurückkam, war ich elf Jahre alt.

Meine Mutter sprach danach einen Monat lang nicht mit mir. Es hieß, sie stehe nach dem Eingriff unter Schock: Man hatte ihr die Gebärmutter entfernt. Aber keine sechs Monate später erzählte sie von ihrem Krankenhausaufenthalt wie von einem großartigen Abenteuer.

Eines Morgens war sie aufgewacht und hatte in den Garten hinausgeschaut. Auf dem großen Platz vor der Klinik galoppierten Dutzende und Aberdutzende weißer Pferde, so erzählte sie es jedenfalls. Ihre schneeweißen Rücken waren schäumende Wellen im Sonnenschein. Eine Krankenschwester hatte ihr gesagt, es werde gerade ein Film gedreht: ein französischer oder deutscher Regisseur, so genau wusste sie das nicht mehr. Die Produktionsassistentin habe meine Mutter auf dem Gang gesehen und fragen lassen, ob sie in einer Szene als Statistin mitmachen wolle. In der Szene mit den Pferden. Aber sie habe nein gesagt. Diese Geschichte erzählte sie über Jahre immer wieder und fügte immer mehr Details hinzu, so dass mein Vater und ich ihr schließlich glaubten und sogar ein schlechtes Gewissen hatten, weil wir zuerst an ihr gezweifelt hatten. Ja, die Pferde! Pferden musste man sanfte Worte ins Ohr flüstern; um sie anzutreiben, musste man ihnen entschlossen die Fersen in die Rippengegend drücken und im Notfall musste man ihnen einen Finger ins Maul stecken und mit aller Kraft an der Lippe ziehen: Das war die einzige Methode, um sie zum Halten zu bringen. Außer von Pferden redete sie auch gerne von Schmetterlingen. Sie wusste, dass die Schmetterlinge sie mochten, vor allem Mohrenfalter und Admirale. Sie mochten ihren Geruch: Einmal sei sie auf einer Wiese eingeschlafen und als sie aufwachte, waren ihre Hände von Schmetterlingen bedeckt, die langsam ihre orangefarbenen Flügel bewegten.

Keiner wusste, woher sie ihr Wissen über Tiere hatte. Mein Vater und ich sagten nichts dazu. Was auch immer wir hätten sagen können, es hätte wie ein böswilliger Kommentar über eine Person geklungen, von der wir nicht behaupten konnten, sie zu kennen.

Eine Wolke zieht über uns hinweg und für einen Augenblick verdunkelt sich der Himmel. Mir wird kalt und ich ziehe die Regenjacke über. „Sie haben gesagt, wir kommen zu einem See, oder?" Die Mokassins drücken, aber ich getraue mich nicht, etwas zu sagen. Der Bergführer hat meine Kleidung nicht kommentiert.

„Ja, das ist die schönste Belohnung für einen Marsch von drei Stunden." Drei Stunden!

Der Pfad führt an einer grauen Felswand entlang, die mit kleinen Polstern aus smaragdgrünem Moos übersät ist. „Welches war das seltsamste Tier, das Sie jemals behandelt haben?"

Giovanni geht weiter, ohne sich umzudrehen. Dann bleibt er stehen: „Ein Gecko!", sagt er. Ich muss lachen.

„Meine Mutter sagte immer, die bringen Glück..."

„Eigentlich habe ich ihn nicht wirklich behandelt. Er war vor Schreck erstarrt und ich habe ihn aufgehoben. Ein bisschen Druck von meinen Fingern, dann kam er wieder zu sich, und weg war er."

Ich mag Giovanni, er hat so eine ironische Art, die Dinge zu sagen. Er hat ein schönes, breites Gesicht, ein gemütliches Gesicht, immer ein Leuchten darin.

„Hier ist wohl schon länger niemand mehr vorbeigekommen", sage ich und deute auf den halb zugewachsenen Pfad. Er nickt, sagt aber nichts.

Wir beschließen, auf einer Wiese am Ende eines Aufstiegs Rast zu machen. Von hier hat man eine wunderbare Aussicht auf die Hochebene der Rocche. Das Grasland, die Wälder. Die übereinander geschichteten Häuser sehen von weitem aus wie kleine Schachteln. Hier war ich noch nie, es ist das erste Mal. Mir gefällt diese Landschaft, die an manchen Stellen rau und unwirtlich aussieht wie der Mond; hier wird den Touristen nichts geschenkt. Nur wenige Geschäfte, kaum ein Informationszentrum. Mir gefällt das, denn jeder verschlossene Ort will erobert werden. Aber zugleich beunruhigt es mich auch.

„Das Wetter schlägt um." Giovanni sieht besorgt aus.

„Haben Sie nicht nach der Vorhersage geschaut?"

„Doch, sicher, aber manchmal ändert sich das Wetter ganz plötzlich. So ist das in den Bergen. Entlang dieser Felswände kann man sich aber unterstellen, es gibt hier Höhlen."

„Die Bärenhöhle!" Ich fange an zu lachen.

Er schaut mich an und duzt mich plötzlich, so als sei das ganz selbstverständlich. „Warum ziehst du den Hut falschherum an?" Er schaut auf meinen Hut.

„So gefällt es mir besser, mit der Vorderseite nach hinten", antworte ich und lege eine Hand auf die höchste Stelle, „wenn ich den Kopf hebe, fällt er nicht runter, sondern bleibt schön oben, damit der Kopf geschützt ist... die Vorderseite nach hinten. Es kommt mir so vor, als würden die Dinge größer als sie sind, wenn man sie umdreht, als gäbe es dann mehr Möglichkeiten. Aber meistens stimmt das nicht, bei den Menschen gibt es oft nur eine Richtung."

„Das gilt dann auch für die Tiere."

„Stimmt."

„Willst du weitergehen?"

Ich nicke. „Meine Mutter ist gestorben." Ich murmele das nur vor mich hin. Aber er dreht sich um und reicht mir die Hand, und dann steigen wir weiter auf.

Ich kann nichts von ihr erben. Ich habe nie erfahren, wer sie wirklich war.

Der Instinkt: Ihn hatte meine Mutter in sich selbst zum Schweigen gebracht, um ein Leben zu führen, das anders war als das, für welches sie bestimmt gewesen wäre. Sie hatte alles berechnet, alles erfunden. Sie log ständig. Sie log mit den traurigen Augen eines Tieres im Käfig.

„Du bist die Nichte einer Schriftstellerin, sagte sie zu mir", keine Ahnung, warum ich Giovanni das erzähle. „Deshalb schreibst du auch so gerne, sagte sie. Sie hat denselben Nachnamen wie du." Die Schriftstellerin hieß Gianna. Das erzählte sie mir immer wieder, jedes Mal, wenn ich mit einer guten Note in Italienisch aus der Schule kam. „Das ist mir dann einmal vor dem Literaturlehrer rausgerutscht. Da fragte er mich, ob ich die Tante anrufen könne, um sie zu einem Treffen in die Schule einzuladen. Ich sagte, ja, das wäre wunderbar. Aufgeregt kam ich nach Hause und sagte zu meiner Mutter, wir müssten die Tante sofort anrufen. Ich hatte sie noch nie gesehen, ich kannte sie überhaupt nicht, aber meine Mutter musste sie ja kennen, auch wenn ich sie nie danach gefragt hatte. Sie ging mir tagelang aus dem Weg. Sie wich mir aus und sagte, sie habe sehr viel zu tun und könne momentan gar niemanden anrufen. Eines Morgens, ein paar Tage später, nahm mich der Lehrer beiseite. Die Schriftstellerin, die Gianna hieß, sei seit Jahren tot, er hätte das wissen müssen und entschuldigte sich für diesen Fehler; er wunderte sich aber, dass ich so getan hatte, als ob ich nichts davon wüsste. Ich lief schnurstracks zu meinem Vater. Ich fühlte mich hintergangen. Ich fragte ihn, warum er mir denn nichts gesagt habe. Ich wusste mittlerweile, dass meine Mutter gelogen hatte: Meine Großmutter hatte es mir bestätigt.

Aber da mein Ton keinen Widerspruch zuließ, schüttelte mein Vater als Antwort nur den Kopf: Die Tante sei tatsächlich seit Jahren tot, das sei kein Witz, sie sei an einer scheußlichen Krankheit gestorben und er wolle nicht darüber reden."

Giovanni hört mir zu, während er weitergeht, er sagt nichts, gibt mir nur mit Zeichen zu verstehen, dass wir uns bereit machen müssen. Man spürt schon die ersten Tropfen, es wird bald ein Gewitter geben.

Das war die Krankheit, die meine Mutter auf die ganze Familie übertragen hatte. Papa liebte sie so, wie man den Nachklang eines Parfüms liebt, das man nicht in der Nase zu behalten vermag. Er folgte ihr, er imitierte sie, wie Wasser nahm er jedes Mal von neuem die Form an, die sie ihm anbot. Er bestätigte ihre Erfindungen und bewirkte so, dass ich mich an den Rand einer Welt gedrängt fühlte, die nur ihnen beiden gehörte. Auch er log. Und so musste ich eben für wahr halten, dass wir einen Velázquez im Wohnzimmer hängen hatten (eine Kopie in Öl, noch dazu eine dilettantische), dass meine Eltern im Libanon Ski gefahren waren, wo man vom Berggipfel direkt aufs Meer blicken konnte, und auch, dass sie Kennedy auf Capri kennengelernt hatten.

„Du musst dir was anziehen." Giovanni reicht mir ein Paar Wollsocken aus seinem Rucksack. „Du musst dir was anziehen, der Feuchtigkeit muss man was entgegensetzen."

„Die Bärin – gibt es die nun wirklich oder ist das alles nur erfunden?", frage ich ihn. Er zuckt mit den Schultern. Er weiß es auch nicht sicher. Ich habe noch nie mit jemandem über meine Mutter gesprochen, es ist das erste Mal. Ich weiß nichts über Giovanni. Ich weiß nur, dass er meine Hand nimmt, dass er mich an sich zieht, dass er seinen Körper gegen meinen presst. Er küsst mich. Aber wen küsst er da eigentlich?

Als meine Mutter schon alt war und im Krankenhaus lag, als sie mir dann sagte, ich sei ihr Schmetterling, sie liebe mich und ich sei die einzige große Liebe ihres Lebens gewesen, da konnte ich ihr einfach nicht mehr glauben. Wenn ich nicht weiß, wer meine Mutter war, vielleicht weiß ich dann auch nicht, wer ich selber bin. Wen küsst du da, Giovanni? Wen genau?

Mein Gesicht ist schon nass vom Regen, aber ich sage, dass ich weitergehen will.

Die Nässe kommt wohl auch von der Rührung; aber vielleicht ist die Rührung nichts anderes als das Wasser, mit dem man die Tage begießen muss, in der Hoffnung, dass sie irgendwann blühen. „Bist du sicher? Bei diesem Wetter weiterzugehen, ist kein Vergnügen." Doch, ich will. „Ich will es bis zum See schaffen." Ich will mich ganz weit weg von allem fühlen. Denn Instinkt, den habe ich durchaus: Ich weiß, was richtig ist, ich fühle es einfach. Ich habe meinen Instinkt nicht erstickt, anders als sie. Als ich ein junges Mädchen war, hörte ich meine Mutter immer in der Küche *Bocca di Rosa*[1] singen, mit so trauriger Stimme, dass ich es später nie mehr über mich gebracht habe, dieses Lied zu singen. Ich dachte: Jetzt verlässt sie meinen Vater, aber das tat sie nie, sie folgte ihrem geheimen Instinkt nicht. Er starb vor ihr.

„Als ich klein war, nahm meine Mutter mich immer mit in die Berge. Immer wenn sie einen Schmetterling auf einer Blume sitzen sah, ging sie auf Zehenspitzen darauf zu. Sie streckte den Finger aus, so langsam, dass es mir wie eine Ewigkeit vorkam."

„In jedem von uns gibt es einen Teil, der mit der Welt in Harmonie lebt. Wenn alles zu Ende ist, gehen wir wieder dahin zurück, woher wir gekommen sind."

„Was ist das, eine Art Glauben?"

„Nein, nur eine Art, die Dinge zu sehen."

„Sie war gerne allein. Das war das einzige Stück Wildheit, das sie sich bewahrt hatte."

„Einzelgängerische Tiere verhalten sich nun mal seltsam, wenn sie mit anderen zusammen sind", sagt Giovanni und lacht. Und da muss ich auch lachen. Ein unbändiges Lachen, das ich nicht unterdrücken kann. Dieses Lachen füllt mich komplett aus, jeden leeren Winkel, jede Lücke. Jetzt geht es mir besser.

Die Anekdoten meiner Mutter, die von Tieren handelten, waren die einzigen, die ich für plausibel hielt. Wenn sie erzählte, wie sie Eidechsen mit den Händen gefangen hatte und Fische mit ihrem Taschentuch, oder wie sie den Zuchtstier auf dem Land freigelassen hatte, dann wurde meine Mutter wieder ein kleines Mädchen. Ihre Augen wandten sich dann nach innen zu einem Früher, das niemand kannte und in dem es keine Lügen gab. Es gab kein Insekt, vor dem sie sich fürchtete, keinen Vogel, über dessen Gewohnheiten sie nichts wusste. Sie redete vom Quetzal und vom Uhu. Sie hatte etwas Wildes an sich, wenn sie über Tiere sprach, etwas, was überhaupt nicht

---

1 *Song von Fabrizio de André aus dem Jahr 1967 über eine Prostituierte (A.d.Ü.)*

zu ihrer Affektiertheit und ihrem Frau-von-Welt-Getue passte. Dann schien es, als fände sie sich selbst wieder. Ich wusste, dass sie im Krieg als Evakuierte auf dem Land gelebt hatte, dass jemand sie als Mädchen Cicci[2] nannte, wohl weil sie damals etwas plump und pummelig war – was ich mir nicht im geringsten vorstellen konnte. Aber das waren alles lose Elemente, die nicht in eine zusammenhängende Erzählung passten. Ihre echte Vergangenheit verbarg sie lieber, wie einen Fleck auf dem Jackenkragen. Ich habe immer gewusst, dass wir einander früher oder später wiederfinden sollten. Aber jetzt ist es vielleicht zu spät.

Um an den See zu kommen, muss man durch einen Wald. Auch wenn ich nur Mokassins trage, auch wenn meine Zehen wehtun, schreiten wir so kräftig aus, als hätten wir noch einen Termin. Die Felsen, über die es aufwärts geht, sind wie Stufen, steil und rau. Auf dem matschigen Untergrund rutscht man leicht aus, deshalb ist es besser, sich an die Steine zu halten. Es ist ein wilder Ort, auf einer Seite ist der Berg vom Wind völlig kahlgefegt. In der Ferne höre ich einen Wasserfall. Auch wenn es jetzt nicht mehr regnet, sehe ich am Himmel noch immer die dunklen Wolkenvorhänge, sie haben etwas Bedrohliches, das mir gefällt. Die Dinge, die aus dem Gleichgewicht geraten. Bei einem Felsvorsprung geht es wieder zurück in den Wald.

Das letzte Stück, die letzte Anstrengung, sagt Giovanni, jetzt nur nicht schlappmachen. Meine mageren Beine geben ihr Letztes, aber ich muss mich mit den Händen abstützen. Ich bin müde, keine Frage.

Da sehe ich, wie Giovanni mitten auf dem Weg stehenbleibt. Er schaut nach oben, kein Muskel regt sich. „Da ist sie!" Er zeigt nach oben. „Da, schau!"

Ich folge seinem Finger, kneife die Augen zusammen. „Schau!" Zuerst sehe ich gar nichts, ich kann keinen Umriss eines Tieres erkennen, kein wildes Wesen. Ich kann wirklich nicht glauben, dass da etwas ist.

„Schau genau hin. Ganz genau", beharrt er. „Und beweg dich nicht." Er redet wie ein Doktor, der weiß, wie er einen Patienten behandeln muss.

Ich strecke mich, strenge mich an, kneife wieder die Augen zusammen. Dann erstarre ich: Jetzt glaube ich es, ich glaube, dass sie da ist. Ich glaube es, denn da ist die Bärin wirklich: da oben. Jetzt sehe ich sie auch. Ja, da ist sie, ich sehe sie!

---

2 *Ciccio/-a: ital. für „Dickerchen" (A.d.Ü.)*

Sie schaut mir direkt in die Augen, ihr Maul ist geöffnet. Ihre Zunge ein weiches Stück Samt, eine rosafarbene Blume, die gerade erblüht.

Sie hat nichts Bedrohliches. Es ist nur ein Gruß. Ein letzter Gruß.

Jetzt steigen wir ab, so schnell es irgend geht.

Ja, sie war da, nein, sie war nicht da, es war nur ein Fleck in der Landschaft. Hat Giovanni gelogen, habe ich gelogen.

Jetzt aber ist nichts mehr wichtig, jetzt, da es bergab geht, einen Fuß vor den anderen, jetzt, da wir uns an der Hand halten, ich und dieser Mann, den ich zufällig getroffen habe. Mein Bergführer.

Ich denke noch einmal an die Worte meiner Mutter im Krankenhaus. „Du warst die große Liebe meines Lebens", und ich nicke und lächle, so als ob diese Worte ganz plötzlich ihren Sinn gefunden hätten.

Als ich ein kleines Mädchen war, wartete meine Mutter immer, bis sich der Schmetterling auf ihre Fingerkuppe setzte. Der Schmetterling flog nicht davon, sondern hielt sich an ihrem Fingernagel fest, und so brachte sie ihn zu mir. Ich musste schielen, um ihn zu betrachten, nur ein paar Zentimeter vor meiner Nasenspitze. Mein verrücktes Glück.

Ludovica Medaglia

An dich, Sonne, richte ich meinen Gruß

Aus dem Italienischen von
Ruth Mader-Koltay

Während er vor dem Spiegel stand und seinen schlanken Körper betrachtete, dem der nachtblaue Anzug eine elegante Note verlieh, konnte Arthur sich ein Lächeln nicht verkneifen. Tadellose Lässigkeit – diesen Eindruck würde er hoffentlich auch am folgenden Tag erwecken können. Für das Meeting der europäischen Top-Manager seines Unternehmens hatte er sich für einen schwarzen Anzug entschieden und diesen mit derselben Sorgfalt ausgewählt, mit der er auch seine Rede ausgearbeitet hatte – denn für die erhoffte Beförderung konnte jedes Detail entscheidend sein. Seine Gesichtszüge verrieten nichts von der Anspannung, die sich in den vergangenen Wochen in ihm aufgebaut hatte: Seine Gedanken verschwammen, noch bevor sie eine klare Richtung genommen hatten, aber diesen erwartungsvollen Schwebezustand konnte er mittlerweile regelrecht genießen. Er wagte nicht einmal an die Möglichkeit zu denken, dass ein Scheitern ihn wieder in die inhaltslose Normalität zurückwerfen würde, der ihn sein Ehrgeiz für den Augenblick entzogen hatte.

In der Zwischenzeit genoss er den schmeichelhaften Luxus einer Suite im Albion. „Die Royalty? Für diese Suite sind fünf Sterne eigentlich zu wenig", hatte der Butler aus dem obersten Stock ihm augenzwinkernd verraten, „von der Dachterrasse können Sie die Aussicht auf ganz Edinburgh genießen." Arthur spazierte durch den weitläufigen Salon, schritt leichtfüßig zwischen verschiedenartig geformten Designerstühlen auf und ab, deren Oberfläche das rosafarbene Licht der untergehenden Sonne reflektierte. In einer Ecke bemerkte Arthur einen Baum aus feinstem Stahlblech mit dichtem Laub aus ovalen Blättern: eine Trauerweide, wie er vermutete. Kaum hatte er den Knopf am Fuß des Baumes gedrückt, war der Raum auch schon mit einem Muster aus Schatten und warmem Licht gesprenkelt. Während er sich anschickte, sein Gepäck zu verstauen, fühlte er sich, als erstrahle auch er selbst vor Modernität.

Er öffnete den Koffer, in den er den schicken Anzug für den nächsten Tag gelegt hatte, und fuhr entgeistert zurück. Auch bei der Arbeit traten zuweilen Fehler in der Anzeige auf, die seine Daten in einer Exceltabelle durcheinanderbrachten. Da dauerte es gewöhnlich nur wenige Sekunden, bis die Zahlen sich wieder brav in der Reihenfolge zusammenfügten, in der Arthur sie eingegeben hatte. Diesmal aber war es anders: Der Kilt, den er gerade erblickte, hatte offenbar nicht die geringste Absicht, wieder zu verschwinden. Sauber gefaltet lag er im Koffer, genau dort, wo Arthurs schwarzer Anzug sich hätte befinden sollen. Ein schwerer Kilt aus kariertem

Tartanstoff[1] in Blautönen und mit einer goldenen Nadel in Form eines Hirsches, dazu die farblich passende Jacke und ein ebensolches Hemd, weiße Strümpfe und lacklederne Ghillie Brogues[2]. Wirklich das perfekte Outfit für ein Manager-Meeting, dachte Arthur sarkastisch. Überaus nützlich auch das traditionelle Trachtenmesser, das Sgian Dubh, fein säuberlich in der Seitentasche seines Koffers verstaut. Seines? Nein, das war nicht möglich. Arthur verfolgte in Gedanken seine Reise zurück bis zu seiner Pariser Wohnung: Er hatte sich nie von seinem Gepäck getrennt, außer... Am Flughafen Charles de Gaulle, daran erinnerte er sich, hatte er es für einen Moment aus den Augen gelassen, um Zigaretten zu kaufen. Das Vertauschen seines Koffers mit dem eines anderen musste genau in diesem Augenblick passiert sein. Das Offensichtliche dieser Erklärung trug indes keineswegs zu seiner Beruhigung bei; vielmehr fluchte er noch eine Weile vor sich hin.

Zehn Minuten später verließ Arthur das Hotel, um sich einen neuen Businessanzug zu besorgen. Die Ruhe, die sich kurz zuvor in seinen Gedanken ausgebreitet hatte, schien direkt in die Stille der Straße überzugehen. Mit einem Mal schalteten sich die Straßenlaternen ein und die Umrisse der Schatten, die sich zuvor noch in der Ferne verloren hatten, wurden auf einmal ganz scharf. Arthur warf zerstreut einen Blick auf seinen eigenen Schatten. Dieser bewegte sich mit langen Schritten voran und ließ die Form eines Rockes erkennen. Er zuckte zusammen. Er hatte vergessen, den Kilt wieder auszuziehen, den er zuvor im Zimmer anprobiert hatte. Diese Feststellung konnte seiner positiven Grundstimmung jedoch nichts anhaben: In der leeren Straße war niemand zu sehen, dem er hätte auffallen können. Unverdrossen ging er weiter Richtung Princes Street. Er wusste den Weg nicht mehr genau, aber in der engen Gasse, in der er sich mittlerweile befand, drang immer wieder das Echo von Kaufhausmusik zu ihm, inmitten eines undefinierbaren Lärms. Menschen. Bei diesem Gedanken konnte er ein Stöhnen nicht unterdrücken. An den Strom, der sich mühsam durch die Princes Street wälzte, hatte er nicht gedacht. Er versuchte, kurz zu überschlagen, aber die Zahlen purzelten ihm hektisch durcheinander und wuchsen dabei hyperbolisch an: In der taghell erleuchteten Straße würden Dutzende, Hun-

---

1 Karierter Wollstoff, aus dem die schottischen Kilts gefertigt werden.

2 Lederschuhe mit Lochmuster und langen Bändern, die traditionell um die Fußknöchel geschnürt zum Kilt getragen werden.

derte, Tausende von Augen seinen lächerlichen Aufzug anstarren. Sollte er tatsächlich in die Princes Street einbiegen, würde der Strom vor Verblüffung zum Stillstand kommen und vor ihm würden sich die Wasser teilen und eine Furt unwirklichen Schweigens öffnen. Er machte auf dem Absatz kehrt und rannte in die entgegengesetzte Richtung davon, in die Dunkelheit hinein.

Er war schon ein ganzes Stück gelaufen, als ihm allmählich der Atem ausging. Ohne anzuhalten, wandte er sich um, aber sein Blick verlor sich zwischen den Bäumen zu beiden Seiten der leeren breiten Straße, die bereits in ein intensives Abendblau getaucht war. Obwohl er niemanden sehen konnte, fühlte er sehr deutlich, wie aus jedem einzelnen Baumstamm die Augen seiner Managerkollegen hervorstarrten: auf seine bescheuerten langen Strümpfe. Die Beförderung, sein Ansehen: alles unwiederbringlich verloren. Ein paar Meter vor ihm ein Auto auf Parkplatzsuche; ein Stück weiter das Profil eines Mannes. Dessen verhaltenes Lachen klang Arthur in den Ohren, während er seine Schritte beschleunigte, bis es sich schließlich in das verächtliche Lachen seiner Frau verwandelte. Nein, seiner Exfrau, wie Arthur sich eingestand. Was hätte sie wohl gedacht, hätte sie ihn in einem derartigen Aufzug sehen können? Nichts, wahrscheinlich. Eléonore wäre nicht einmal erstaunt gewesen, sondern hätte die Lippen zu einer mitleidigen Grimasse verzogen, die nicht nur seine Kleidung, sondern die ganze Person ihres Mannes meinte. *Du liebst mich nicht, du bist nicht mehr du selbst:* Nur das hatte sie gesagt, und dann hatte sie ihre Griechischbücher gepackt und war gegangen. Zum hundertsten Mal ließ ihn die Erinnerung daran erschauern, wie er sie ständig belogen hatte, auch wenn es nur aus Liebe zu ihr gewesen war. In der letzten Zeit war es mit jedem Tag schwieriger geworden, in seiner Beziehung zu Eléonore die Rolle des temperamentvollen, lebenslustigen Mannes aufrechtzuerhalten: Die Gewissheit, dass ihren durchdringenden Augen das Geheimnis seines namenlosen Leidens nicht verborgen blieb, erfüllte ihn ständig mit Scham. Scham, genau wie jetzt in diesem karierten Rock mit dem albernen Hirsch und mit dem Sgian Dubh im Strumpf. Am liebsten wäre er unsichtbar gewesen, ein Mensch aus Luft, wobei... seine Konturen hatten sich ja schon immer aufgelöst, sobald der intensive Blick Eléonores auf ihn gerichtet war, und wenn er daran dachte, zog es ihm das Herz zusammen. Was ihn aber tatsächlich plagte, war die unausweichliche Nähe seiner selbst. Seiner selbst... *Du spielst Theater, Arthur. Ich weiß nicht mehr, wer du bist.* Mit einem Mal fühlte er sich ganz leicht, so als sei nicht er es, der vorwärtsschritt, sondern als kämen Bäume und Straßenlaternen auf ihn zu, wie angeschoben vom Abendwind. Auch die fremden Kleider an seinem Leib bewegten sich mit Leichtigkeit voran, wie getragen: aber gewiss nicht von ihm, sondern von niemandem, oder vielleicht von einem anderen. Ja, von einem anderen: dem eigentlichen Besitzer des Koffers.

„Elijah! Ich kann´s nicht glauben, du bist es wirklich, dabei erkennt man dich doch meilenweit, so wie du angezogen bist!"

Arthur blieb nicht einmal die Zeit, zusammenzuzucken, da fand er sich schon in einer stürmischen Umarmung wieder. Die dunklen Augen des Mannes glänzten vor aufrichtiger Begeisterung.

„Zehn Jahre, stell dir das mal vor! Und du kommst zurück und sagst deinem Fingal nichts davon?"

Fingal? Arthur hätte schwören können, nie eine Person dieses Namens kennengelernt zu haben. Aber dann, wie in einer Eingebung, erwiderte er die Umarmung. Die Pläne für diesen Abend fielen von ihm ab wie Wassertropfen vom Körper eines Schwimmers, der aus dem Wasser auftaucht, und das fühlte sich sehr gut an. Jetzt war er also Elijah, der Typ mit dem Kilt im Koffer, Fingals Freund.

„Du musst mir alles erzählen. Aber hör mal, warum kommst du nicht zu uns, zu deiner alten Clique? Heute Nacht feiern wir ein Cèilidh.[3]"

„Ich liebe die Cèilidhean, sie wecken den schottischen Geist in mir", hörte Arthur sich antworten.

„Ich erinnere mich", sagte Fingal augenzwinkernd.

Als Fingal verkündete, man fahre nach St. Andrews, saßen sie schon seit einer halben Stunde im Auto. Edinburgh hatte den weiten, dunklen Feldern Platz gemacht und die Scheinwerfer beleuchteten nur wenige Meter Straße. Der Regen, der auf das Dach des Kleinwagens prasselte, war das einzige Geräusch und für Arthur klang es beunruhigend. Es schien ihm, als fehle dem Theater, in dem er diesen Elijah spielte, die Decke, und der Regen prassele auf Requisiten und Kostüme hernieder, so als bringe die reale Welt von draußen das wackelige Konstrukt seiner Fiktion ins Wanken. Aus Elijahs Kostüm tropfte es von allen Seiten, und in diesem nassen Zustand gab es Arthurs Umrisse frei: bei jeder Bewegung, bei allem, was er sagte. Und so war auch

---

3   (schott./ir.): zwangloses Treffen zum Musizieren, Tanzen und Geschichtenerzählen, Plural: Cèilidhean (A.d.Ü.)

Elijah in diesen zehn Jahren ein brillanter Manager geworden und auch Elijahs Frau, die zufällig Eléonore hieß, forschte über das griechische Theater. Aber Elijah hatte es niemals nötig gehabt, Eléonore zu belügen, denn er hatte niemals, auch nicht an seinen schlimmsten Tagen, an den Tod gedacht.

„Weißt du, ich bin nur ein bisschen in Edinburgh herumgelaufen: Ich wollte mich einfach treiben lassen und in meiner Erinnerung noch einmal jung werden. Wie lange ist das alles her!"

„Lange? Das kommt nur dir so vor, weil du in die Welt hinausgezogen bist."

Ich bin in die Welt hinausgezogen, notierte sich Arthur in Gedanken, erfreut über die neue Information zu Elijahs Vergangenheit und entschlossen, diese mit überzeugenden Details auszuschmücken.

„Für uns dagegen", fuhr Fingal fort, „sind die Jahre nur Falten, die sich auf unseren Gesichtern abzeichnen, während wir uns wieder und wieder die Geschichten erzählen, die unsere Väter überliefert haben. Gerade letzte Woche erst hat Jonathan die x-te Überarbeitung der Legende von Arthur's Seat[4] und den geschnitzten Puppen in den Gräbern zum Besten gegeben. Und trotzdem faszinieren uns diese Geschichten immer wieder, das weißt du. Bald wirst du die ganze Truppe wiedersehen."

Arthur antwortete nur mit einem kurzen Nicken, denn er machte sich Sorgen wegen der Personen, auf die Fingal anspielte und die Elijah wiedererkennen musste. Den Rest der Fahrt verbrachte er schweigend und probte im Stillen die Fragen und Behauptungen, die ihm den Weg in die Gemeinschaft des Cèilidh öffnen würden, ohne zu verraten, dass er eigentlich nicht dazugehörte.

In St. Andrews bot ihnen ein beheiztes, aber nur schwach beleuchtetes Lokal Zuflucht vor dem sintflutartigen Regen. Arthurs Blick fiel auf eine kleine Feuerstelle in der Mitte. Sie erzeugte einen hellen Kreis aus Licht; um diesen herum verbarg die Dunkelheit die Begrenzungen des vermutlich recht großen Raumes vor seinen Augen, die sich noch nicht an das Licht gewöhnt hatten. Noch bevor er das ständige Auf und Ab der Schatten erkennen konnte, hörte Arthur deren Stimmen: Flüstern und Gelächter vermischten sich in einem unbestimmten Gemurmel, das ihn von allen Seiten umgab, obgleich er keine einzelnen Worte unterscheiden konnte. Er drehte sich nach Fingal

---

4   *Arthur's Seat ist der 251 m hohe Hausberg der schottischen Hauptstadt Edinburgh (A.d.Ü.).*

um, fand ihn aber nicht zwischen den vielen menschlichen Umrissen, die er mittlerweile im Dunklen erkennen konnte. Er trat einen Schritt zurück und hätte dabei beinahe ein kleines Kind zu Fall gebracht, das mit einem Gleichaltrigen Fangen spielte. Die beiden rannten im Zickzack zwischen einer Gruppe von Leuten hin und her, die in eine lebhafte Diskussion vertieft waren. Arthur öffnete den Mund, um sich zu entschuldigen, aber nur das Echo des Geschreis drang noch aus der Menschenmenge zu ihm durch, in der die Kinder längst untergetaucht waren. Ihm war, als habe auch das Kind einen Kilt getragen, aber überprüfen konnte er das nicht mehr. Einen Augenblick später spürte er plötzlich etwas Schweres in seiner Hand: Es war ein Glas Whiskey von köstlicher Bernsteinfarbe. *Slàinte mhath*, sang eine Frau mit roten Haaren, die neben ihm stand. Prost!, übersetzte sie und suchte mit den Augen weitere Kandidaten zum Anstoßen. Ihr Blick kreuzte den von Arthur und hellte sich auf:

„Elijah!"

Donnerwetter, ich habe mich aber wirklich gut verkleidet, dachte Arthur. Und während Lilith von den vergangenen Jahren erzählte, ließ er erneut Elijah von seiner Erinnerung und seiner Stimme Besitz ergreifen. Er redete ohne nachzudenken: Die Worte entstanden in seinem Inneren und entströmten ihm wie Blätter, die der Wind vor sich her weht, liebenswürdig und mitreißend. Es waren keine Lügen, oder jedenfalls hörten sie sich nicht so an, dank der Natürlichkeit, mit der Arthur das alles erfand. Von Edinburgh war Elijah nach Paris gegangen und hatte dort den Traum verwirklicht, der ihn schon lange verfolgt hatte, sanft in der Nacht und voller Zweifel am Tage: Er hatte eine Französin mit dem Namen einer Königin geheiratet. Er war viel gereist und immer einer von denen gewesen, die man um ihr Leben beneidet.

„Guten Abend miteinander!" Lilith zuckte zusammen: Eine Stentorstimme aus der Mitte des Raumes erhob sich über das diffuse Gemurmel.

„Meine Damen und Herren!", fuhr die Stimme fort, während den vom Licht der Feuerstelle erleuchteten Kreis ein Mann in einem dunkelroten Kilt betrat, „Es ist mir eine Ehre, Ihnen anzukündigen, dass diese finstere Nacht bald von warmer Freude erleuchtet sein wird. Wie jeder unvergessliche Augenblick wird sie wie im Flug vorübergehen, uns aber tief bewegen wie ein Foto aus längst vergangenen Tagen. Wir werden die Erinnerung an unsere Vorfahren, die Tinkers, wieder aufleben lassen, und sei es auch nur für wenige Stunden..."

Hier legte der Mann eine vielsagende Pause ein und begutachtete mit sichtlichem Wohlgefallen die Wirkung seiner Worte. Im Raum herrschte Ruhe, alle Blicke waren auf ihn gerichtet und sogar die Kinder hielten den Atem an.

„...Und zum Zeichen dieser Erinnerung wird jeder von uns den anderen Mitgliedern des Cèilidh eine Kostprobe seines Könnens schenken. Geschichten, Tänze, Musik – lasst uns diese wenigen Stunden unvergesslich machen. Und hier ist für Sie... Mary Jane McHeartney!"

Zuerst war der unsichere Klang einer Flöte zu vernehmen, so als sei die Musik selbst beklommen von der Stille, die sie unterbrechen sollte. Nach und nach jedoch fanden sich die noch bangen Töne zu einer immer komplexer werdenden Melodie zusammen, bis mit einem Mal die Flöte zu spielen aufhörte und ein kleines Mädchen mit langen dunklen Zöpfen in den Lichtkreis trat und sang:

Ich werde sie wiedersehen, die Hügel und die Eichen,
doch nicht mehr erkennen die Feen meiner Kindheit;
Nebelkreise werden meine Augen verschleiern
und nicht mehr verstehen werde ich den Hauch des Windes.

Ihrem Gesang gesellte sich eine zweite Stimme hinzu, dann aus dem Hintergrund eine dritte; in unterschiedlichen Tonlagen verflochten sie sich ineinander und teilten sich wieder auf in hohe und tiefe Töne. Eine Violine kam dazu und eine Woge aus stetig anschwellenden Stimmen lief durch die ganze Versammlung. Der Rhythmus wurde immer akzentuierter und tänzerischer; und als schließlich der tiefe Klang der Kornamuse einsetzte, hatte ein Gefühl von Feierlichkeit alle Anwesenden ergriffen. Es war ein einziges Crescendo und Arthur fühlte, wie der Widerhall der mittlerweile frenetisch gewordenen Musik seine Gedanken vernebelte und ihn in Bewegung brachte: Als er anfing zu tanzen, verspürte er bei sich denselben Enthusiasmus, den er auch in den Gesichtern der anderen las. Das Verrinnen der Zeit konnte den freudigen Bewegungen nichts anhaben: Man konnte ohnehin nicht mehr mit Sicherheit sagen, ob außerhalb des mitreißenden Rhythmus dieser Musik überhaupt noch eine Zeit existierte. Mit einem Mal schien sich die ganze Menschenmenge abgesprochen zu haben: Sie verneigte sich, um sich dann auf einer Seite des Raumes zu versammeln, als werde sie von einer magnetischen Kraft dorthin gezogen. Arthur bemerkte, dass aller Augen mit lebhaften, erwartungsvollen Blicken auf ihn gerichtet waren, während die Lippen langsam Elijahs Namen formten. Plötzlich war es still und hell: Als einziger fand er sich in dem erleuchteten Bereich wieder, von allen beobachtet. Für einen Moment war Arthur verblüfft und nahm auf unbestimmte, doch äußerst eindrückliche Weise wahr, dass sein großer Augenblick gekommen war. Er war Ehrengast und musste jetzt auch seinen Beitrag leisten.

Er holte tief Luft und versuchte dabei, sich irgendein Lied aus seiner Jugend ins Gedächtnis zu rufen, aber die Erinnerungen verschwammen, bevor sich etwas Greifbares abzeichnen konnte. Sein Blick verweilte sehnsuchtsvoll auf der Oboe, die aus der Dunkelheit glänzte: Ganz kurz bereute Arthur, sich nie mit Musik beschäftigt zu haben.

„Eine Geschichte über dich!"

Aus seinem Bedauern riss ihn die Stimme eines neun- oder zehnjährigen Jungen, der ihn auffordernd anblickte. Arthur betrachtete ihn eine Weile wohlwollend, fast beschützend, als wolle er die Verbindung zu diesen kindlichen Augen nicht abreißen lassen. Plötzlich wurde ihm klar, dass das, was der Junge von ihm verlangte, die schlechteste aller möglichen Optionen war. Hätte er ehrlich von sich selbst erzählen wollen, keinen Ton hätte er herausgebracht. In den vergangenen Monaten war jeder Augenblick ein neuer Faden in einem Netz aus Fiktionen gewesen, an dem er mit beinahe manischer Sorgfalt gewebt hatte. Tausendmal hatte er vor dem Spiegel den passendsten Tonfall für die Bemerkung „Wie fröhlich ich heute doch bin!" eingeübt. *Sorglos und gleichmütig. Betonung auf „fröhlich", mit ansteigender Tonhöhe,* schärfte er sich selbst ein, bevor er sich schließlich an Eléonore wandte. Der fragende Ausdruck auf ihrem Gesicht hatte ihn dann jedes Mal sprachlos gemacht.

Wenn Eléonore jedoch von den Taten ihrer griechischen Helden erzählte, ergriff Arthur immer ein Gefühl tiefer Faszination.

„Sehr gute Idee, mein Junge. Aber ich werde eine antike Geschichte vortragen, die von Sophokles aufgeschrieben wurde. Eine uneinnehmbare Festung wurde von einem Heer nie gekannter Größe belagert. Die ganze Hoffnung der Angreifer ruhte auf Ajax, einem unglaublich starken Held, groß wie ein Berg; der beste Kämpfer im ganzen Heer, seitdem der Sohn der Göttin, Achill, unter der Erde lag. Die Waffen des Verstorbenen hätten ihm zugestanden, waren ihm jedoch nicht ausgehändigt worden. Seine Verbitterung wandelte sich in Wahnsinn: Er tötete und wütete nicht nur unter den Menschen, sondern auch unter Schaf- und Rinderherden. *Niemand erkannte ihn wieder, er war nicht mehr er selbst.* Dunkler Sog des Wahnsinns, Krankheit ohne Namen, von den Göttern gesandt. Dann die Bewusstwerdung, die stählerne Einsamkeit und die Notwendigkeit, allen etwas vorzutäuschen. Am Meeresufer schließlich der Abschied von Sonne und Natur. Der betörende Gesang des Todes."

Langsam zog Arthur das traditionelle Messer heraus, das er bei sich trug, die Augen magnetisch von der Klinge angezogen, als habe er das Kind, ja die ganze Versammlung vergessen. Er legte es vor sich hin; seine Stimme war nur noch ein leises Raunen, aber fest, als er wieder ansetzte:

„Die Waffe des Opfers ist hier aufgerichtet, so scharf geschliffen wie nur möglich. Ich selbst habe sie hier eingerammt, tief in den Boden, damit sie mir gewogen sei und einen schnellen Tod gewähre. Ich bitte Hermes, den unterirdischen Führer: Möge er einen sanften Schlaf mir senden, sobald ich mit kühnem Schwung und frei von Qualen in dieses Schwert meine Flanke stürze. Die ewigen Jungfrauen rufe ich an zu meiner Hilfe, die stets jedwede Pein der Sterblichen sehen, die anbetungswürdigen Erinnyen mit dem raschen Schritt, damit sie erfahren, wie unglückselig ich der Atriden wegen sterbe. Doch kein Sinn liegt darin, diese Todesklagen zu erheben, es ist vergebens: Das Werk zu beginnen ist von Nöten, mit der gebotenen Eile. An dich, Licht dieses leuchtenden Tages, an dich, Sonne, die du auf deinem Wagen über den Himmel ziehst, richte ich meinen Gruß, zum letzten Male nun und in der Zukunft nimmermehr[5]."

Der Gedanke an die Sonne verwirrte Arthur. Er nahm wahr, wie sich etwas in seiner Stimme veränderte, je mehr er Sophokles vergaß. Er deklamierte mit glänzenden Augen, in denen ein unterdrücktes, bitteres Lachen stand; nun benutzte er nur noch seine eigenen Worte. Er sah sie vor sich: Jegliche Erregung war von ihnen abgefallen und sie flossen von ganz alleine, schmückten das feierliche Dunkel aus, das von Zeit nichts wusste.

„Oh Tod, mein Tod, nun kommst du, deinen Blick auf mich zu richten; aber auch dort unten, nah bei dir, werde ich mit dir sprechen können.

---

5   *Diese Worte sind eine Übertragung der Verse 815-6, 821-2, 831-8, 852-3, 856-8 aus Sophokles' „Ajax". In der folgenden Passage entstammen einzig Anfang und Schluss dem Original, nämlich dessen Versen 854-5 und 865. Der griechische Text ist der von A. Daim herausgegebene in: „Sophocle – Tome II. Aiax – Œdipe Roi – Électre", Les Belles Lettres, Paris 1958. (A.d.A.) Die vorliegende deutsche Fassung ist eine Sekundärübersetzung aus dem Italienischen (A.d.Ü.).*

Und doch kommst du zu mir nicht als ein Unbekannter, Tod, denn schon seit geraumer Zeit malt dein Pinsel das Nichts auf meine Seele und so glaube ich, dass es weiterer Striche nicht bedarf, das Bild zu vollenden. Es irren die Dichter: Nicht harmonischer Gesang ist dein Ruf, noch Stille. Viel zu sanft wäre sonst der Übergang. Das Echo meiner verlorenen Schreie ist es, festgefroren im Augenblick des Schreckens. Seit diesem Augenblick, Tod, sind wir eins, du und ich. Da ist keine strahlende Sonne, an die ich meine Worte richten könnte, noch Wind, noch Licht. Darum, düstere Verzweiflung, bist du´s, an die ich meinen Abschied wende. Schon fühle ich den Druck einer blutleeren Hand wie der deinen, nur noch kälter. Dies sind die letzten Worte, die ich rufe hier zu euch; die weiteren werde ich den Toten im Hades sagen.“

Ein letzter Blick auf die Klinge: Arthur dachte plötzlich wieder an Ajax und berechnete den Sprung. Mit einem dumpfen Aufschlag fiel er, absichtlich vorbei an der linken Seite des Messers, so dass dieses den Blicken des Publikums entzogen war. Er zählte bis fünf und erhob sich, dann steckte er den Sgian Dubh sorgfältig wieder zurück. Er kniff die Augen zusammen und versuchte in der Dunkelheit die Gesichter zu erkennen, aber er sah nichts, noch wurde die Stille durchbrochen. Langsam bewegte er sich auf den Ausgang zu und fühlte dabei die verdutzten Blicke aller auf sich gerichtet. Beinahe wäre er mit Fingal zusammengestoßen, der ihn, an eine Säule gelehnt, fragend ansah. Für einen Augenblick war es Scham, was er empfand, denn der Abgrund zwischen dem griechischen Helden und der eigenen Erbärmlichkeit offenbarte sich ihm in seiner ganzen Tragweite. Dieser Gedanke vermochte Arthur jedoch nicht zu beeinträchtigen: *Sie ist stumm, unsere Tragödie*, sagte er zu sich selbst, *alles hängt perfekt zusammen.*

Er trat hinaus und die frische Luft, die den Morgen ankündigte, strich angenehm über seinen Körper. Für einen Augenblick schien Arthur sich an etwas Wichtiges zu erinnern, was er zu erledigen hatte, aber diese Empfindung verlor sich alsbald in der ruhigen Fläche des Meeres. Der Streifen Himmel unmittelbar über dem Horizont wandelte sich in Rosa und auf dem veilchenblauen Wasser glänzten helle Reflexe. Arthur ging ein Stück eine Straße entlang, zu beiden Seiten Gärten, die noch die Dämmerung verbarg, bis er an die Ruine der Kathedrale gelangte. Auf der Wiese davor leuchteten weiß Reihen schräg geneigter Grabsteine. Langsam schritt er voran und las die Namen. Sein Blick fiel auf einen spitzbogenförmigen Stein: *Wie Musik verklingen wir...*, aber dann blieb er an dem Namen hängen. Elijah, jetzt erinnerte er sich, dieser Name hatte ihm während der ganzen Nacht in den Ohren geklungen: Dies war sein richtiger Name. Arthur war der Name, den Eléonore ihm gegeben hatte. *Ich trage den Namen einer Königin, und du wirst für mich König Arthur sein.*

Er ließ sich von seinen Schritten leiten, während er den Friedhof verließ und zum Strand einbog. Der Wind hatte wieder eingesetzt und die salzige Luft peitschte ihm ins Gesicht. Er ging mit leichtem Schritt und lauschte den Wellen, die sich an den noch in Schatten gehüllten Klippen brachen. Er dachte nicht mehr an die Nacht, doch zeigten die Strahlen der ersten Morgenröte über dem Meer auch noch nicht die Sonne. Und dennoch konnte Elijah, als er sich umwandte, auf dem feuchten Sand die Ränder seiner Fußabdrücke erkennen.

Für meinen Vater, der Edinburgh liebt.

Demetrio Paolin

Blei
eine Autobiographie

Aus dem Italienischen von
Christiane Burkhardt

Ich bin im August 1974 geboren, am vierten Tag der zweiunddreißigsten Schwangerschaftswoche, und dass ich es so eilig hatte, hat mir das Leben gerettet – das sagt zumindest meine Mutter, die sonst im Italicus gesessen hätte, um zu meinem Vater in den Norden zu fahren. Meine Nahrung war das Blei der Siebziger, ich wurde mit nach Zink schmeckender Milch und hormonbelastetem Babybrei gemästet. Meine Knochen sind nichts anderes als das Ergebnis der Energiekrise, mein Blut ist das der Polizisten und Terroristen – beides miteinander vermengt. Ich kam zur Welt, als alles explodierte und der Geruch von TNT und C4 in der Luft lag. Ich wurde geboren, als Körper wie der meiner Mutter von verirrten Kugeln getötet wurden. Wie schön Giorgiana Masi[1] doch von hinten aussah, als das Projektil auf Höhe ihrer Lunge eintrat, diese durchbohrte und auf der anderen Seite wieder austrat, woraufhin die Frau noch ein paar Sekunden weiterrannte, um dann wie eine welke Blume tot zu Boden zu gehen. Ich wurde in der Zeit geboren, als Züge, Banken und mittelalterliche Arkaden in die Luft flogen. Ich bin ein Sohn dieses Vaterlands, das ich Italien nenne: eine endlose Jugend, bestehend aus Nachmittagen voller Langeweile, aus zerstörten Träumen und aus Frauen, die ich hätte lieben können und aus meiner Erinnerung gelöscht habe. Ich habe meine Persönlichkeit mit eiserner Disziplin zum höchsten Reinheitsgrad geschliffen, und jetzt, vierundvierzig Jahre nach meiner Geburt, wenn ihr diese Worte lest, bin ich, Demetrio Paolin, tot – mit meinen Schülern des naturwissenschaftlichen Kepler-Gymnasiums in Turin in die Luft geflogen.

Mein Wunsch nach Reinheit lässt sich nicht so leicht erklären, doch ich weiß, dass ich ihn schon von klein auf hatte. Auf dem Land, zwischen Dung und Vieh, das gehütet werden muss, bekommt man Reinheit nicht gerade nahegebracht. Das ist eher etwas, das man in sich trägt. Bei den anderen

---

1 *Giorgiana Masi war eine neunzehnjährige Studentin, die am 12. Mai 1977 bei einer friedlichen Demonstration des Partito Radicale getötet wurde. Auch Gruppen der außerparlamentarischen Linken waren daran beteiligt. Bis heute ist unklar, wer den Schuss abgefeuert hat. Laut dem damaligen Innenminister Cossiga ist Giorgiana Masi „friendly fire" zum Opfer gefallen. Eine Hypothese, die Vertreter des Partito Radicale vehement ablehnen: Aus ihrer Sicht waren es Ordnungskräfte in Zivil, die allerdings keine Dienstwaffe benutzten, weshalb diese auch nie ermittelt wurde.*

– egal, ob bei meinen Kindergartenfreunden oder bei Freunden meiner Eltern – sah ich einen langen Schatten, wenn sie vorbeigingen. Diese dunkle
Aura, die ihren Körper umgab, verstörte mich, deshalb schaute ich in den
Spiegel – und sah, dass ich nicht so war wie sie. Nicht so wie sie, aber auch
nicht so wie ihr heute, denn ich weiß, was sich in dieser Zeit zugetragen hat.
Ich weiß es und ich habe Beweise – die Reinheit meines glasklaren Gespürs
ist Beweis genug. Die Katastrophe unseres heutigen Staates ist die Abwe-
senheit von Erinnerung. Es gibt keine Sünde, kein Vergehen, das schlimmer
wäre, als keine Erinnerung mehr an das zu haben, was vorgefallen ist. Rein
sein bedeutet, sich an alles zu erinnern, alles zu spüren, klar vor Augen zu
haben, wie es war, und zu wissen, dass es für immer so sein wird.

Im Dorf war ich der Außenseiter, meine Mutter bezeichnete mich als schüch-
tern. Abends schaute ich fern, versäumte nie die Sendung *Almanacco del giorno dopo*, lernte die Fakten auswendig und fragte die Kindergärtnerin und die
Lehrer nach dem, was da passiert war. Ich habe die Geschehnisse von damals
noch im Gedächtnis, ihr Echo drang bis zu uns in die Hügel zwischen Vieh
und Mais vor.

Als Moro[2] gefunden wurde, aß ich gerade einen Keks, und beim Anblick
dieses verkrümmten, ausgezehrten Körpers auf der Mattscheibe schmeck-
te das Essen, das ich im Mund hatte, nach Blut und Fleisch, verwandelte sich in etwas Verdorbenes, Sauergewordenes. Ich rannte ins Bad, um
mich zu übergeben, und über der Kloschüssel spuckte ich das soeben zu
mir genommene Abendessen samt dem Keks wieder aus. Als ich das Er-
brochene in der weißen Sanitärkeramik betrachtete, erkannte ich darin das
Gesicht des ermordeten Moro, es dümpelte dort im Wasser und bat mich um

---

2 *Aldo Moro war Abgeordneter und Parteivorsitzender der Democrazia Cristiana, mehrma-
liger Minister und Regierungschef Italiens. Am 16. März 1978 wurde der Wagen, der ihn zum
Parlament bringen sollte, von einem Kommando der Roten Brigaden überfallen. Alle Männer
der Eskorte wurden getötet, Moro selbst entführt. Die 55 darauf folgenden Tage sind die ver-
worrensten und komplexesten in der gesamten Geschichte Italiens. Die italienische Politik war
gespalten in diejenigen, die irgendwie mit der terroristischen Gruppierung über die Freilassung
der Geisel verhandeln wollten, und diejenigen, die eine harte Linie verfolgten. Letztere konnten
sich – nicht ohne Schwierigkeiten – durchsetzen. Am 9. Mai 1978 wurde die Leiche Aldo Moros
im Kofferraum eines R4 entdeckt.*

Hilfe, flehte mich an, es aus seiner ekligen Lage zu befreien. Ich drückte die Spültaste und es wurde fortgeschwemmt, alles wurde wieder blitzsauber. Ich hatte Moro gerettet, ich hatte ihn umgebracht, ich hatte ihn erlöst, nachdem ich ihn ausgekotzt hatte. Insgeheim dachte ich, dass seine Entführer es, genau wie ich, gut mit ihm gemeint hatten. Sie hatten die verängstigte Stimme des alten Mannes gehört und ihn aus Mitleid umgebracht, um ihn in die Geschichte eingehen zu lassen. Denn die Leute – meine Mutter stützte sich bei der Nachricht schwer auf den Tisch, als würde sie gleich zusammenbrechen – werden ihn so in Erinnerung behalten: schlaff wie ein Sack Mehl, den man im Kofferraum eines R4 zurückgelassen hat. Im Tod liegt Gottes Erlösung, er macht neue Menschen aus uns – neuer Körper, neuer Himmel, neue Erde.

Geschichte ist das, was ich am meisten liebe. Schon in der Grundschule habe ich mir die Jahreszahlen gemerkt. Das Reich der Sumerer währt von 4000 bis 2000 v. Chr., dann kommen die Babylonier von 2000 bis 500 v. Chr. und die Assyrer von 2000 bis 600 v. Chr. Ich ging zu meiner Mutter und sagte die Jahreszahlen sowie den Lehrstoff auf, ich war gut. Ich hatte eine seltsame Lehrerin, eine unbelehrbare Faschistin, die uns im Musikunterricht *Faccetta Nera* und *Giovinezza* singen ließ. Nach dem Abfragen sagte sie zu mir: *Demetrio, aus dir wird noch mal ein Historiker*. Dabei lernte ich für Geschichte nicht wirklich: Eher spürte ich, wie sich die antiken Reiche in mir ausbreiteten, wie vergangene Völker von meinem Körper Besitz ergriffen, ich erlebte deren Freud und Leid am eigenen Leib. Ihre Schreie kapselten sich in mir ein wie Hautkrebs, wie Warzen in Füßen und Händen.

Immer wieder kehrte ich gedanklich zu der Zeit zurück, als meine Mutter im Krankenhaus entband, ja man sie aufschneiden musste, weil wir sonst beide gestorben wären. Die bleierne Zeit, die Zeit der Molotow-Cocktails, der Waffen und der präzisen Feuerkraft ist die, in der ich groß geworden bin. Ich habe keine farbigen Erinnerungen, meine Kindheit war ein langer, langer Winter, der kein Ende mehr zu nehmen schien, eine Reihe von verregneten Sonntagen mit meinem Vater auf dem Karussell. Es ist dunkel in meinen Erinnerungen. Die Menschen liebten die Finsternis mehr als das Licht. Irgendjemand hat einmal gesagt, die Siebziger seien Freude und Revolution gewesen, aber tief in meinem Innern weiß ich, was ich da Böses gespürt habe. Dieses Böse will ich in etwas Schönes, Sinnvolles verwandeln, das Böse, das ich tue, ist gut. Was ich vorhabe, ist gut, auch wenn es alle für böse halten werden. Deshalb werde ich dafür sorgen, dass man es für eine gute Tat halten wird. Doch eines Tages, wenn ihr auf diese Worte stoßt, werdet ihr erfahren, dass ich mich in das Böse verwandeln musste, damit ihr Erlösung und Wahrheit findet. Einer muss zur Sünde werden, um die anderen von ihren Sünden zu befreien.

Ich bin diese Sünde.

Ich lernte fleißig und ging nach Turin, um dort Geschichte zu studieren. Doch da geriet etwas ins Stocken. Die Liebe zu Carla untergrub meine Reinheit, denn sie machte mir weis, dass das, was ich spürte, Wahnsinn war: Ich hatte keine Körper von anderen Menschen in mir oder in meinem Kopf, sondern war nur ein etwas eigenbrötlerischer, zwischen Weinbergen und Feldern aufgewachsener junger Mann. Sie versprach, mir zu helfen, und ließ mich ihren Körper erkunden. Eines Abends, nachdem ich gewisse arabische Erzählungen gelesen hatte, in denen der Mann die Frau im Schlaf nimmt und sie besitzt, ohne sie zu wecken, fasste ich einen Entschluss. Während sie schlief, fesselte ich sie an Händen und Füßen und drang gewaltsam in sie ein. Sie wachte auf und ich sah ihr in die angstgeweiteten Augen. Ich lag schwer auf ihr, beugte mich vor, um ihr den Mund zu verschließen, und sagte: *Du bist eine Frau aus tausendundeiner Nacht, deshalb nehme ich dich im Schlaf... und du schläfst weiter*. Ich erinnere mich noch an ihre Tränen, eine perlmuttfarbene Spur an meinen Fingern. Ich erinnere mich an unbändige Freude – etwas, das ich erst heute wieder spüre, wo ich kurz davor stehe, zu tun, was ich tun muss.

Wenn das Leben auf dem Dorf – die endlosen Sonnenuntergänge über den in Reihen stehenden Reben, über den abends schwarz werdenden Bewässerungskanälen, die Vorstellung, bald sterben zu müssen – ein ständiges Verstecken meines wahren Ichs bedeutet hatte, so gewährte mir Turin ein Versteck, ohne Fragen zu stellen. Ich erkunde es nach wie vor gern frühmorgens, vor allem im Winter, wenn die Rollgitter unten sind, und suche die unscheinbaren Orte auf, an denen einst gemordet wurde. *Hier* sind zwei Gefängniswärter abgeschlachtet worden, *hier* hat Prima Linea ein Blutbad angerichtet: In diesem Lokal, das heute *Xò* heißt, wurde Roberto Crescenzio bei lebendigem Leib verbrannt. Damals hieß das Lokal *Angelo Azzurro* und einige „Kommunisten" warfen Brandbomben...

Im *Xò* war ich mit Serena, meiner damaligen Freundin – nachdem wir uns auf dem Küchenfußboden geliebt hatten, ich in ihr gekommen war, und sie gelächelt hatte. Wir waren ein glückliches Paar, unterwegs zu einem Fest in einem Lokal. Serena war sehr schön, was sie nach all der Zeit vermutlich immer noch ist, und während wir das Haus verließen, sagte ich: *Weißt du, dass Crescenzio*[3] *hier bei lebendigem Leib verbrannt ist?* Sie sah mich nur verständnislos an. *Crescenzio*, wiederholte ich, *ein junger Mann ist hier verbrannt worden.* Daraufhin fragte sie: *Auf einem mittelalterlichen Scheiterhaufen?* Da verstand ich, dass kein Platz mehr dafür da war, dass diese Unwissenheit etwas Schreckliches hatte. Wie konnte ich diesen Leuten und Serena, die ich zwar liebte, die aber rein gar nichts verstand, nur den Tod dieses jungen Mannes nahebringen? Als wir am Tisch saßen, nahm ich eines der Teelichte, die überall zu Dekorationszwecken herumstanden, und schüttete flüssiges, glühend heißes Wachs auf Serenas nackten Arm. Und das demonstrativ, damit sie merkte, dass das kein Versehen, kein Irrtum von mir war. Sie schrie so laut, dass sich die Leute umdrehten, und da sagte ich zu ihr: *Los, denk an den Körper, der verbrennt, unterdrück deinen Schmerz nicht, flieh nicht vor ihm, konzentrier dich auf den Schmerz und koste ihn aus, lass zu, dass deine Nervenenden ihn bis zuletzt spüren. Und jetzt stell dir vor, dass dein ganzer Körper von diesem Wachs bedeckt ist, stell dir den Schmerz vor, die Haut, die sich zusammenzieht und verkohlt wie ein Stück Papier. Nun bist du mit diesem Zentimeter Haut wie Crescenzio.*

Crescenzio, du brennender, von Flammen verzehrter Körper, lebendig und tot zugleich, auf einem Stuhl vor den Arkaden der Via Po, an einem wolkenverhangenen Vormittag. Crescenzio, du Mumie aus unseren Siebzigern, noch atmend, aber äußerlich schon wie ein verkohlter Baum – bis auf die weißen, noch offenen Augen und einen letzten Rest Bewusstsein, das nach und nach erlosch. Crescenzio, du verkohlte Statue, du schwarzes Kohlestück aus der Hölle, niemand hat besser gewusst als du, was es heißt, in einem sterbenden Körper noch am Leben zu sein: Du, der du heute nur noch ein

---

3 Roberto Crescenzio war ein Student, der dem Attentat auf das Lokal „Angelo Azzuro" zum Opfer fiel. Am 1. Oktober 1977 fand in Turin eine Demonstration im Gedenken an den ermordeten linken Aktivisten Walter Rossi statt. Einige Demonstranten verselbstständigten sich und warfen Molotov-Cocktails in das Lokal, das sie zu Unrecht für einen Faschisten-Treffpunkt hielten. Es brannte daraufhin komplett aus.

Name bist – nicht einmal eine Gedenkplakette hat man dir in diesem Lokal gewidmet, in dem die Leute lächelnd ihren Aperitif trinken, ohne den Gestank nach Verbranntem und Scheiße wahrzunehmen. Denn den musst du verströmt haben, als deine Haut Feuer fing und du dich so erschrocken hast, dass du keine Kontrolle mehr über deine bereits zerstörten Eingeweide hattest. Meine letzte Tat ist auch dir gewidmet, damit die Leute begreifen, was es bedeutet, in Flammen aufzugehen, erst noch da zu sein und gleich darauf nicht mehr. Erinnerung heißt, den schrecklichen Blick des Engels der Geschichte zu spüren – der Geschichte, die immer gleich und doch stetig neu ist.

Das war das letzte Mal, dass ich Serena sah. Wenn sie der Auftakt zu meiner Niederlage war – was sind dann meine Schüler in all den Jahren für mich gewesen? Und ich für sie? Die Schule ist zu einer Denkfabrik geworden, die alle gleichschaltet, es geht nur noch darum, die richtigen Kästchen anzukreuzen. So eine Schule lehne ich ab. Meine Schüler sind mit der Zeit immer weniger „meine" gewesen und dafür immer mehr zu einer Welt geworden, die ich einfach nicht verstehen konnte. Was ich ihnen erzählt habe, hat sie nicht interessiert; sie lernten nicht, sondern speicherten den Stoff bloß bis zum Abfragen, anschließend war alles sofort wieder vergessen: die Namen, sämtliche Namen der Toten, die Jahreszahlen, die Orte und das viele Leid. Sie spürten nicht das Geringste. Für sie waren Guido Rossa[4] und Giordano Bruno ein- und dasselbe, es gab keinerlei Unterschied: Vergangene Jahrhunderte und vergangene Jahrzehnte waren zu einer undefinierbaren Farbe verschwommen.

An einem Tag im März sah ich meine Schüler schließlich im Fernsehen. Einer nach dem anderen wurde von einem Journalisten zum Jahrestag der Entführung Moros befragt. Ich sah in ihre Gesichter, als sie sagten, dass Berlinguer Moro entführt habe, dass der Historische Kompromiss der zwischen Berlusconi und Bossi gewesen sei und die Brigate Rosse die Truppen Garibaldis.

---

4   Guido Rossa war ein Arbeiter und Gewerkschaftler aus Genua, der von den Roten Brigaden ermordet wurde. In den Augen der terroristischen Vereinigung hatte er den Fehler begangen, einen Kollegen anzuzeigen, der heimlich Flugblätter der Roten Brigaden verteilte. Zu seiner Beerdigung kamen mehr als 25 000 Menschen.

Ich nahm den Fernseher und warf ihn zu Boden, die Mattscheibe zerbarst in tausend Stücke und ich hieb auf das Gerät ein, bis meine Hände bluteten.

Dann wurde es still und ich nahm die Scherben der Mattscheibe, breitete sie fein säuberlich auf dem Boden aus, legte einen Parcours vom Wohnzimmer bis zum Bad, zog Schuhe und Strümpfe aus und lief darüber, bis die Fußsohlen genauso blutrot waren wie die Fliesen. Ich zog mich aus, fuhr mir mit den blutigen Händen über den Körper und betrachtete mich im Spiegel.

Wer bin ich? Ich bin derjenige, der in diesem Spiegel zu sehen ist. Ist das mein wahres Ich? Viel zu lange habe ich meine wahre Natur verborgen: Weil ich gut erzogen, kultiviert und vernünftig bin, habe ich verheimlicht, wer ich eigentlich bin, nämlich jemand, der zu Großem berufen ist. Als ich anschließend unter die Dusche ging, plante ich, was ich gleich tun werde. Ich plante alles bis ins Detail, bis ins allerletzte Detail. Das Blut wurde von meinem Körper gespült und ich fühlte mich gut, reinigte mich von allem, was mich in diesen Jahren belastet hatte. Ich weiß, wer ich bin, ich bin das Werkzeug, das jedem von euch wieder ins Bewusstsein rufen wird, was passiert ist.

Ich bin das Werkzeug dafür, ich tue das alles aus Liebe zu jedem von euch, denn ich liebe meine Schüler genauso wie ihre Eltern. Ich möchte etwas zu ihrer Erlösung tun, damit sie nicht wirklich so sind, wie sie zu sein scheinen: Ich kenne den inneren Reichtum eines jeden von uns, die wunderschöne Anmut, die ich durchaus wahrnehme, wenn ich meine Schüler in den Pausen Fußball spielen oder zusammen lachen sehe. Es liegt so etwas wie Glück in dem Muster, das Menschen bilden, wenn sie durch Shoppingmalls oder durch die Straßen der Stadt spazieren: Das ist Schönheit, liebe Freunde, eine Schönheit, die so überwältigend ist, dass sie ein Opfer verlangt.

Ihr habt Angst, meine Schüler haben Angst, deshalb muss es jemanden geben, der euch einen Schubs gibt, euch über diese Furcht- und Angstschwelle hinweghilft. Hier bin ich, euer Diener, ich habe mich ganz diesem Dienst verschrieben: Ich liebe euch alle und will, dass ihr das Gute kennenlernt, dass ihr alle versteht, was gut und was böse ist. Einige von euch werden das Böse am eigenen Leib spüren müssen, damit endlich klar wird, was Leiden bedeutet: Nur aus Leid, aus tief verwurzeltem Leid, kann ein wirklich neues Bewusstsein entstehen.

Für mich erbitte ich nichts, nicht das Geringste, der Diener tut, was er tun muss, das liegt in seiner Natur. Das Messer zerteilt das Fleisch, weil es für einen ganz bestimmten Zweck entwickelt worden ist, es spürt und wünscht sich nichts anderes. Ich bin ein Werkzeug und die einem Werkzeug gewährte Gnade besteht darin, seinen Zweck erfüllen zu dürfen. Aus Demut – denn ich glaube nicht, dass ich etwas anderes verdiene – werde ich mein Motiv verheimlichen, es tarnen. Damit jahrelang – bis diese von mir hinterlegte Botschaft heute in fünfundzwanzig Jahren gelesen wird – niemand wirklich weiß, wer ich bin.

Es gibt eine Zeit, sich zu zeigen und eine Zeit, im Verborgenen zu bleiben, ich halte mich im Hintergrund, damit alles so überwältigend und schrecklich wirkt wie die Schönheit. Wenn es passiert, werden alle verstehen. Wenn es passiert, wird alles wieder neu.

Ich bin euer Diener Demetrio Paolin.

~

(*) Rimini – Bei dem schrecklichen Attentat vom 19. Mai im „Mini Italia" scheint eine Person eine ganz besondere Rolle gespielt zu haben: der Lehrer Demetrio Paolin. Der vierundvierzigjährige, alleinstehende Pädagoge galt als freundlicher, gebildeter Mann, der stets für seine Schüler da war und sie nie im Stich ließ – und das weit über seine Pflichtstunden hinaus.
Unglücklicherweise stand er gerade mit der Abiturklasse eines Turiner Gymnasiums vor der Miniatur der Stadt Bologna, als die von Unbekannten deponierte Bombe explo-

dierte. Sechs Schüler wurden getötet, alle anderen verletzt, fünf von ihnen schwer.

Zeugen berichten, dass es zu einer noch viel schlimmeren Tragödie hätte kommen können, wäre der Lehrer nicht gewesen. Dieser ging auf den Rucksack voller C4-Sprengstoff zu und fing die Explosion so teilweise mit seinem Körper ab.

Sämtliche Zeugenaussagen scheinen dahingehend übereinzustimmen, dass sich Paolin dem verdächtigen Rucksack genähert und diesen geöffnet hat. Und genau dadurch hat der Lehrer – der sicherlich davon ausging, dass es sich um einen unbeaufsichtigten Rucksack eines der Schüler handelte – die weiter entfernt stehenden Touristen gerettet. Diese hatten nämlich noch Zeit, das Wort „Bombe" aufzuschnappen und sich zu Boden zu werfen: Dem Lehrer und seinen Schülern war das nicht vergönnt.

Das Turiner Kepler-Gymnasium gab bereits bekannt, dass es in den nächsten Tagen eine Gedenkfeier zu Ehren des Lehrers und der Schüler veranstalten wird. Sicherlich wird man diese so gestalten, dass Paolin und seine Klasse noch lange in Erinnerung bleiben werden.

Die Ermittler werten inzwischen verschiedene Hypothesen aus, die mit der Explosion zusammenhängen. Zunächst war ein islamistischer

Hintergrund vermutet worden. Aber nach dem Fund eines Bekennerschreibens ermittelt die Polizei eher in Richtung anarcho-revolutionärer Kreise. Auf einem Flugblatt, das auf einem Bartisch im „Mini-Italia" gelegen hatte, stand: „Damit der 2. August 1980[5] in Bologna sowie sämtliche Tote aus den Siebzigern nicht in Vergessenheit geraten."

Sollte sich diese Hypothese bewahrheiten, wäre das Schicksal dieses jungen Lehrers umso grausamer und zynischer.

Gerade über die Siebzigerjahre hatte Paolin nämlich seine Abschlussarbeit geschrieben. Sie ist bei Il Maestrale unter dem Titel *Una tragedia negata (Eine Tragödie, die niemand wahrhaben will)* erschienen.

* Simone Gabuzzi, *Il professore eroe (Der heldenhafte Lehrer)* in: IL RESTO DEL CARLINO vom 26. Mai 2018

---

5   *Am 2. August 1980 explodierte um 10:25 Uhr eine Bombe im Bahnhof von Bologna und tötete 85 Menschen. Ständige Ablenkungsmanöver behinderten die rechtliche Aufarbeitung des Anschlags und die Suche nach den Tätern. Nach einem endlosen Verfahren wurden einige Rechtsextremisten der neofaschistischen Gruppierung Nuclei Armati Rivoluzionari als konkrete Attentäter verurteilt. Die Hintermänner konnten nie ermittelt werden.*

Anna Pavignano

Chronik eines zufälligen Verbrechens

Aus dem Italienischen von
Christiane Burkhardt

Beim Betreten der Wohnung spürt er eine Stille, eine seltsame Kälte, als würde ihm ein Luftzug wie eine kalte Messerklinge über die Wirbelsäule streichen. Er hat keine Worte für das, was er fühlt, er spürt es, ohne es zu wissen. Er weiß nur, dass ihn etwas wütend macht, mehr nicht: Und dieses Etwas ist, dass sie nicht da ist. Er sucht alle Zimmer nach ihr ab, knallt mit den Türen, macht kurz im Bad Halt, um zu pissen, und ruft nach ihr.

Dicke, schimmlige Kondenswassertropfen rinnen am Spülkasten herab. Ist es denn zu viel verlangt, eine Leiter zu nehmen und mit einem Lappen da hochzusteigen? Die Mutter ist eine Schlampe, sie hat ihr nichts beigebracht. Wie die Mutter, so die Tochter, denkt er.

„Samantha!", ruft er. „Wo steckst du, Scheiße nochmal?" Wieder dreht er eine Runde durch die Wohnung. „Ich hab dir doch gesagt, dass du warten sollst, damit wir darüber reden. Wo bist du bloß hin, du blöde Kuh?"

Sie ist gegangen und hat das Bett ungemacht zurückgelassen, der Herd ist voller Kaffeespritzer, und seine Strümpfe, die er am Abend ausgezogen hat, liegen noch neben dem Bett auf dem Boden. Das ist noch nie vorgekommen, Samantha hat sie immer aufgesammelt, in den Wäschekorb geworfen, dann gewaschen und aufgehängt.

Die Strümpfe liegen in einer gelben Lache. Vielleicht zum ersten Mal, seit sie verheiratet sind, hebt er sie eigenhändig auf: Sie sind von Pisse durchtränkt, die ihm auf die Hemdärmel tropft. Der Katze haben sie gefallen, sie hat sie sich zu eigen gemacht.

„Wo bist du?" Jetzt sucht er nicht mehr nach Samantha, sondern nach der Katze. Die hat sich unterm Bett verkrochen, aber es ist nicht schwer, eine Katze in ihrem Versteck zu finden, wenn am rosa Halsband des edlen Tieres ein Glöckchen befestigt ist. „Komm her, du bist noch dämlicher als dein dämliches Frauchen!" Klingeling, zwei grüne Blitze verraten die Augen der Katze. „Komm her, Trilli, komm her! Trilli! Einen noch blöderen Namen hat sie sich nicht ausdenken können." Die Katze zieht sich zurück. „Komm her, ich tu dir nichts." Er streckt die Hand aus und tastet im Dunkeln herum.

Er hat es geschafft, Trilli hinterm Kopf zu packen, am Balg, wie er das nennt, er erwischt so viel, dass die Katze wie eingeschnürt aussieht. Als er sie gegen die Wand donnert, besteht Trilli nur noch aus ausgefahrenen Krallen, verdrehten Augen und Speichel. „Damit du lernst, nicht auf meine Sachen zu pissen!"

Trilli wird es lernen – vielleicht im nächsten Leben. Zum Glück hat sie sieben. Aber eins davon hat dieses mit einem rosa Halsband geschmückte Fellknäuel zwischen Fernsehkommode und Schrank jetzt mit Sicherheit verwirkt.

Er greift zum Handy und wählt Samanthas Nummer, aber sie geht nicht dran.

„Wir hätten drüber reden müssen, verdammt! Du kannst mich doch nicht einfach sitzenlassen!" Doch sie ist fort, hat fast ihren gesamten Kleiderschrank ausgeräumt. „Wo bist du diesmal hin, um dich vögeln zu lassen?"

Das blaue Kleid, das er ihr geschenkt hat, hat sie nicht mitgenommen. „Das ist viel zu edel für eine wie dich!" Dabei war es eine echte Liebesgabe. Er weiß, was ihr steht, doch sie hat es nie angezogen, das Etikett hängt immer noch dran. Und dann beschweren sie sich, dass ihnen die Männer nie Geschenke machen!

Für wen zieht sie die Kleider, die sie mitgenommen hat, jetzt an? Mit wem führt sie sie aus? Vor wem trägt sie ihren schönen Arsch zur Schau? Das hat er ihr schon immer gesagt: „Du merkst das nicht, aber alle starren drauf. Bedeck ihn ein bisschen, wenn du vor die Tür gehst! Ich verlang ja nicht, dass du dich anziehst wie eine Nonne oder dass du eine Burka trägst, aber ein Tuch oder einen Mantel könntest du dir schon drüberziehen, Scheiße nochmal!"

„Nein, ich ziehe an, was mir gefällt", erwiderte sie nur. „Die Leute haben Besseres zu tun, als sich um meinen Arsch zu kümmern. Nur du bist wie besessen davon."

„Und dann beschwert ihr euch, wenn ihr vergewaltigt werdet!" Aber sie hörte ihm schon gar nicht mehr zu und wackelte bloß mit den Hüften. In Sommerkleidern konnte man deutlich ihre Arschbacken kreisen sehen, ohne dass sie es überhaupt gemerkt hätte. Als wäre sie nackt.

Und wenn sie ihre Launen hatte, begann sie Sachen zu zertrümmern und schrie: „Ich bin es leid, so geht das nicht weiter, du raubst mir ja die Luft zum Atmen!" Manchen Blödsinn kann man irgendwann einfach nicht mehr hören, klar hat es dann auch mal die eine oder andere Ohrfeige gesetzt! Sie haben sich immer über dieselben Sachen gestritten und anschließend wieder versöhnt, indem sie sich liebten. Doch er hatte so seine Zweifel, ob dieser Versöhnungssex wirklich eine echte Versöhnung gewesen war oder nur eine Maßnahme, um ihn zu beruhigen. Damit er aufhörte, sie zu ohrfeigen und zu beleidigen, damit er einschlief. Doch nur so konnte er sich sicher sein, dass sich das Chaos in seinem Kopf wieder legte – zumindest bis zum nächsten Tag, wenn sie erneut das Haus verließ und wieder die Fragen kamen, mit wem sie sich traf und was sie so trieb. Dort im Bett, beide nackt und er in ihr, konnte er sich sicher sein, dass Samantha ihm gehörte, und er fand die Welt schön.

Die Katze ist erneut in eines der Leben hineingeboren worden, die ihr noch bleiben: Sie dreht den Kopf von links nach rechts, klingeling, und röchelt.

„Na, wo steckt dein Frauchen?" Trilli antwortet nicht, sondern macht ihm mit ihrem Gejammer Vorwürfe, obwohl sie gestern erst schnurrend auf seinem Bauch lag. Doch jetzt hat er ihr wehgetan. Sie ist genauso wie ihr Frauchen, das ihm ständig Vorwürfe macht: Du bist gewalttätig, du bist gewalttätig! Er will das nicht, aber sie fordert die Schläge selbst heraus mit ihrer provozierenden Art. Man muss die Männer schon zu nehmen wissen.

Samantha war nie zufrieden, wollte einen starken, selbstbewussten Mann, aber gleichzeitig alles selbst entscheiden. So wie das mit der Katze: Er hätte sich nie ein Tier angeschafft, das macht nur Arbeit, und schon gar kein Weibchen – wenn überhaupt, dann einen Hund. Er hätte die Katze auch nicht Trilli genannt und ihr kein rosa Halsband mit Glöckchen umgelegt. Aber wenn sie stritten, war er plötzlich derjenige, der immer alles bestimmen will!

Der Katze rinnt blutiger Speichel aus dem Maul, und er muss daran denken, dass sie sich das Tier anstelle eines Kindes angeschafft haben, weil Samantha wie alle Frauen mit ihrem Karnickelinstinkt irgendwann ein Kind gewollt hat, er aber keines zeugen kann. Sie haben Untersuchungen vornehmen lassen, mit dem Ergebnis, dass seine Spermien keinen Schwanz und nur einen halben Kopf besitzen, so lahm sind wie ein Haufen versprengter Kriegsheimkehrer. Als er es erfuhr, hatte er sich zuerst wie eine Null gefühlt, sich dann aber wieder gefangen. Seit Samantha Trilli hat, war nie mehr von Kindern die Rede.

Die Katze sieht aus wie ein Putzlumpen, wie eine schlaffe, leere Hülle – vom Kopf einmal abgesehen, der mit seinen ruckartigen Bewegungen noch die Kraft hat, ihn anzuklagen.

„Du tust mir nicht leid, Scheiße nochmal, du regst mich bloß noch mehr auf!" Das Fenster steht offen, er wirft sie hinaus.

„Da, deine Trilli ist davongeflogen!"

Es ist nur eine Katze, ein blödes, seelenloses Vieh.

Der Boden ist schmutzig, überall Spuren von diesem schlaffen Körper. Noch nie im Leben hat er einen Putzlappen in der Hand gehabt, und niemand ist da, der sieht, dass er putzen kann. Sollte Samantha wieder nach Hause kommen, wird er ab und zu mal den Boden wischen – nur um ihr zu zeigen, dass er kein Faulpelz ist, wie sie immer wieder behauptet.

Da entdeckt er den Zettel auf der Kommode im Flur. Auch die hat sie ausgesucht, mit vielen Schnörkeln, obwohl ihm etwas Moderneres besser gefallen hätte. Darauf steht: „Ich geh in die Notaufnahme und lass mich untersuchen. Diesmal zeig ich dich an. Du wirst mich nie mehr wiedersehen."

„In die Notaufnahme? Wegen zwei Ohrfeigen?"

Da waren sie schon öfter gewesen, und immer hatte er sie begleitet. Sie war regelrecht besessen davon! Von der Idee, etwas in ihr könnte kaputt gegangen sein, von der Angst, sterben zu müssen. Dann hatte man sie untersucht und geröntgt und nichts gefunden, nie hatte sie irgendwas gehabt. Wenn die Ärzte nachhakten, wurde ihr klar, dass sie übertrieben hatte, dann sagte sie, dass sie zu Hause gestürzt oder gegen eine offene Tür gelaufen sei. Wer erstattet schon Anzeige wegen zwei Ohrfeigen? Die hat sie sich doch selbst eingebrockt, so wie sie sich angaffen lässt! Und wenn sie jetzt die Kraft gefunden hat, ein für alle Mal zu gehen, dann hat sie sich nicht bloß angaffen lassen. Aber so sind sie nun mal, die Frauen: Erst provozieren sie einen, und dann zeigen sie einen an.

Genau wie die Scheißkatze da unten, es finden sich doch glatt noch Leute, die sich einbilden, sie retten zu können: Jemand hat sie auf den Arm genommen und schaut her. Scheiße, was wollt ihr von mir? Ich fürchte mich doch nicht vor ein paar Weibern, die nichts Besseres zu tun haben, als sich um Tiere in Not zu kümmern.

„Die Katze gehört meiner Frau! Sie ist vom Balkon gefallen!"

Sie scheinen aufzugeben und wenden den Blick ab, machen ein Gesicht wie Leute, die wissen, mit wem sie es zu tun haben: weil Samantha schlecht über mich redet! Ich hab ihr zigmal die Möglichkeit gegeben, mir zu zeigen, dass sie mich liebt, dass sie nur mir gehört. Aber nein, irgendwann hat sie es doch getan und sich einen anderen gesucht.

Sie hat bestimmt einen anderen, sie hält es ohne Mann doch nicht aus. Aber welche Frau hält es schon ohne Mann aus, ohne sich unvollständig zu fühlen? Außer sie ist eine von diesen vertrockneten Weibern, die glauben, sich selbst zu genügen, und schon mit vierzig zu nichts mehr zu gebrauchen sind.

„Geh endlich ran, los geh schon ran!" Es läutet ins Leere, sie hat ihr Handy wieder eingeschaltet. Ich weiß, dass sie sich stur stellt, aber irgendwann wird sie aufgeben. „Los geh ran, geh ran!" Wenn ich wüsste, wo sie ist, würde ich sie an den Haaren nach Hause zerren, aber keine Ahnung, wo sie sich versteckt hat. Bei ihrer Mutter ist sie nicht: Die hat ihren Mann unter die Erde gebracht, weil sie in einer Tour fremdgegangen ist, und die Tochter kommt genau nach der Mutter.

Sie geht einfach nicht ran.

Sie will mich in den Wahnsinn treiben, mich völlig fertigmachen, genau das hat sie vor, aber nicht mit mir, das schafft sie nicht, ich lass mich nicht erpressen!

„Du willst mich wohl verrückt machen, was?"

Auf dem lackierten Bücherregal steht ihr Foto, es ist am Meer aufgenommen. Damals hat sie noch gelacht mit ihren schönen Zähnen und den langen Haaren, die er einfach überall wiedergefunden hat. Einmal hat sich sogar ein Haar um seinen Schwanz gewickelt und ihn fast stranguliert. Der war schon ganz blau: ein richtiges Attentat! Danach hat sie sich die Haare geschnitten und es kam nie wieder vor, trotzdem war sie nach wie vor wunderschön.

„Weißt du, was ich jetzt mache? Schau nur, was ich jetzt mache, du blöde Fotze! Deinetwegen zerstöre ich meine liebste Erinnerung!"

Er wirft das Foto an die Wand – dort, wo er vorhin die Katze erschlagen hat, und das Glas zerbricht samt dem Rahmen mit den Keramikblumen. Das Foto, ihr Lächeln, ihre langen Haare, alles fliegt davon, als wäre da noch dieser schneidende Luftzug, den er schon beim Betreten der Wohnung gespürt hat. Er rennt hinterher und obwohl der Wind es ihm entreißen will, bekommt er es zu fassen. Er betrachtet es ein letztes Mal und zerreißt es dann, trampelt auf den Fetzen herum.

„Ich piss auf dich, so wie deine widerliche Katze es getan hat!" Er holt ihn hervor, um seinen Worten Taten folgen zu lassen, aber da kommt nichts. Er strengt sich an, vergebens. „Du hast mir alles genommen, du blöde Fotze! Ohne dich kann ich nicht mal mehr pissen." Er schreit so laut, dass es auch die Nachbarn hören. Aber die kennen das schon.

Währenddessen verlässt Pilar das Haus von Signora Maria, bei der sie putzt. Sie hat die Tasche fest unter den Arm geklemmt, weil sie ihren Lohn bekommen hat und sich beeilen muss, das Geld in die Heimat zu schicken.

Angelito, ihr Sohn, ist dieses Jahr eingeschult worden und das kostet, mehr als zuvor.

Pilar ist glücklich, obwohl mehr Geld auch mehr Arbeit bedeutet. Deshalb wird sie, nachdem sie auf der Bank war, nicht direkt nach Hause, sondern noch zum Putzen zu Signora Egle gehen, die ans Bett gefesselt ist.

Wenn ihr Sohn einmal groß ist, wird die Familie wieder zusammenfinden, dann wird sie ihn endlich bei sich haben. Angelito wird das verstehen, bestimmt wird er verstehen, dass seine Mama so lange fort war, um ihm eine Zukunft zu ermöglichen.

In ihrem Dorf gibt es keine Zukunft, mit Ach und Krach eine Gegenwart, und sie ist nach Europa gegangen, um sie sich zu erarbeiten, die Zukunft. Wenn sie das Geld schickt, hat sie nicht das Gefühl, Geld zu überweisen, sondern Momente von Tagen, die noch kommen werden: bessere Tage. Was sie da heimschickt, sind keine Scheine, sondern Bausteine für das bessere Leben, das Angelito einmal haben soll.

Besser als das Zimmer zur Untermiete mit der schmalen Pritsche und der kleinen Kommode, um möglichst wenig Geld auszugeben, besser als das schmerzhafte Vermissen ihres Kindes, als die Wut über ihre ruinierten Nägel, dabei legt sie so viel Wert auf schöne Hände. Aber die Signora besteht darauf, dass sie täglich Kalkreiniger benutzt. Gummihandschuhe kauft sie ihr nicht, weil man ohne einfach gründlicher putzt.

Pilar geht zur Bank, die sich ausgerechnet im Erdgeschoss des Gebäudes mit dem Blumenbeet davor befindet. Vier Frauen entfernen sich gerade mit finsterer Miene. Sie schaut sich um, denn bei dem vielen Geld in der Handtasche hat sie immer Angst vor Dieben: Oh nein, so leicht lässt sie sich ihr Vermögen nicht entreißen! Sie wird es mit aller Macht verteidigen, aus Leibeskräften „Polizei! Haltet den Dieb, haltet den Dieb!" schreien. Doch zum Glück sind keine verdächtigen Gestalten in der Nähe – nur Frauen, die hinter einer Haustür verschwinden, und eine bemitleidenswerte tote Katze im Blumenbeet.

Kurz vergisst Pilar ihre Handtasche und bleibt stehen, um sie sich näher anzusehen. Vielleicht ist sie ja überfahren worden, und jemand hat sie hier ins Beet zwischen die Blumen gelegt? Diese Frauen vielleicht. Das Tier trägt ein rosa Halsband mit Glöckchen, das jetzt verstummt ist.

In der Zwischenzeit ruft ihn Samantha ein letztes Mal an. Die Sozialarbeiterinnen haben ihr davon abgeraten, aber sie will ihren Mann nicht ohne eine Erklärung verlassen. Der weiß das nicht zu schätzen, sondern befiehlt ihr, sofort nach Hause zu kommen. Verspricht ihr, sie nicht anzurühren. Diesmal glaubt ihm Samantha nicht, sondern sagt Nein und dass sie nie mehr wiederkomme. Da geht etwas in ihm kaputt: Das kann einfach nicht sein, dass er sie nie mehr wiedersehen wird.

„Du musst schließlich irgendwann wiederkommen. Wovon willst du denn ohne mich leben?"

Schweigen. Ein Schweigen, das sich anhört, als wäre die Verbindung abgebrochen. Da nimmt er seinen ganzen Mut zusammen und fragt sie: „Hast du einen anderen?" Wieder scheint die Verbindung abgebrochen zu sein. „Hast du einen anderen?", brüllt er, während sie weiterschweigt. „Du bist wie deine Mutter, ihr seid alle so, alle gleich, alles Schlampen!"

Auch das Handy landet an der Wand, das Gehäuse zerbricht in tausend Stücke.

Samantha ruft zurück, aber niemand nimmt ab. Dabei ist er da, hört das Läuten und versucht ranzugehen, drückt die Tasten, wischt auf dem Display herum, reißt sich die Fingerkuppen wund, aber nichts geht mehr. Da fühlt er sich verloren, ganz allein mit seinen Beleidigungen, seinem Geluche, seiner Wut. Aus seinem Gedankenkarussell ragt ein Satz heraus, der sich litaneiartig wiederholt:

„Die Erstbeste, die mir begegnet, bring ich um, die Erstbeste, die mir begegnet, bring ich um. Die Frauen sind doch sowieso alle gleich!"

Noch während er diese Litanei wiederholt – nein, diese Litanei wiederholt sich von ganz allein in seinem Kopf –, greift er zu einem Messer, öffnet die Wohnungstür und geht die Treppe hinunter. Er trifft einen Mann, der aus dem Lift kommt, und die Litanei in seinem Kopf drängt sich ihm über Kehle und Zunge auf die Lippen: „Die Erstbeste, die mir über den Weg läuft, bring ich um", sagt er zu dem eigentlich wildfremden Mann.

Der Nachbar kommt gar nicht auf die Idee, ihn festzuhalten, obwohl der Luftzug, den er hinterlässt, deutlich zu spüren ist. Um ihn zu beschwichtigen, sagt er nur: „Immer mit der Ruhe! Manchmal sind die Frauen eben..." Dann kommt er sich blöd vor, betritt seine Wohnung und ruft die Polizei.

Kaum hat er das Haus verlassen, ist die Erste, die ihm begegnet, Pilar, die kurz die tote Katze zärtlich streichelt.

Und als sie spürt, wie sie von hinten an den Schultern gepackt und hochgehoben wird, wie ihre Füße den Boden nicht mehr berühren, umklammert sie als Erstes die Handtasche, die ihre Zukunft enthält. Ihre einzige Angst besteht darin, dass man ihr den Lohn stehlen könnte. „Haltet den Dieb, haltet den Dieb!", schreit sie noch, doch dann bleibt ihr die Stimme weg. Das Messer hat sie ihr abgeschnitten, und schon ist es vorbei: vorbei mit der Zukunft ihres Sohnes. Alles vorbei.

Fast unmittelbar darauf trifft die Polizei ein.

Igiaba Scego

Die Ikone

Aus dem Italienischen von
Ruth Mader-Koltay

Der Steg war wackelig. Oder vielleicht war er selbst einfach nicht in der Lage, über den Wasserfluten die Balance zu halten. „Keine Sorge, Majestät", sagte ein Mann hinter ihm, ein Italiener von ungefähr 40 Jahren mit schütterem Schnurrbart und spöttischem Lächeln, „ich kann Ihnen versichern, dass niemand ins Wasser fallen wird und erst recht nicht Sie." Das Geheimnis, so hatte er ihm erklärt, liege darin, einen Fuß vor den anderen zu setzen, ohne Hast, ohne Aufregung. Einen vor den anderen, wie Soldaten in der Wüste, wie Models auf dem Laufsteg. „Sie dürfen nicht stehenbleiben, Majestät, gehen Sie einfach weiter, ich bitte Sie", bekräftigte der Mann, der eine Brille mit dickem Gestell aus Schildpatt und eine getupfte Krawatte trug; „es ist alles viel einfacher als Sie denken, gehen Sie weiter, bleiben Sie nicht stehen." Haile Selassie kam sich vor wie ein Kind, hier auf diesem Steg. Schwach und unsicher, zum ersten Mal nach so vielen Jahren. So merkwürdig war diese Stadt, dieses überschwemmte Venedig, wohin er da geraten war. „Und was, wenn die Stadt uns verschlingt?", dachte er im Stillen. Aber trotz der Angst, die ihm unvernünftigerweise im Nacken saß, machte er einen Schritt vorwärts, dann zwei Schritte, dann drei. Einen Fuß vor den anderen. Langsam. Aufpassen, wohin man die Füße setzt.

Um ihn herum explodierte in Venedig das Blau. Die Stadt ging unter in einer Flut von Wasser aus dem Binnenmeer und von verwirrten, unvorbereiteten Touristen. Viele hatten Gummistiefel an den Füßen, die sie in aller Eile erstanden hatten, um dem Hochwasser zu trotzen. Und wer keine passenden Stiefel mehr bekommen hatte, versuchte sich die Füße mit Plastiktüten zu umwickeln, um wenigstens das lästige Gefühl lagunenwassergetränkter Socken zu vermeiden. „Die Füße müssen gut geschützt sein, Majestät", hatte der Mann mit der getupften Krawatte zu ihm gesagt, „sonst lauert die Lungenentzündung gleich um die Ecke." Der Mann war Beamter im Außenministerium. Empfohlen hatte ihn Aldo Moro persönlich und den obligatorischen Satz hinzugefügt: „Er ist unser bester Mann in der Farnesina¹" Und das war er! Und wie! Wirklich äußerst patent. Jeglicher Wunsch des Haile Selassie und seines mannigfaltigen äthiopischen Gefolges wurde innerhalb weniger Minuten erfüllt. Nur schade um seine Stimme. Er krächzte wie ein Kauz. Und dem Kaiser war er, ungeachtet der Lobeshymnen Moros,

---

1 *Palazzo della Farnesina: Sitz des italienischen Außenministeriums (A.d.Ü.)*

vom ersten Augenblick an unerträglich gewesen. Er erduldete ihn nur mit Mühe und Not, aus Pflichtgefühl.

Haile Selassie konnte einfach den Gedanken nicht ausblenden, dass dieser Mann mit der getupften Krawatte höchstwahrscheinlich einmal das schwarze Hemd getragen hatte und in Äthiopien, in seinem Äthiopien, in der Gefolgschaft Mussolinis gewesen war. Dass er womöglich seine Landsleute vergewaltigt, enthauptet, getötet und entmannt hatte, aus vollem Halse Refrains wie diesen grölend: *Se il Negus non risponde e all´armi fa l´appello, noi gli farem gustare l´antico manganello!*[2]

Jetzt aber wurde der Beamte vom Lauf der Geschichte gezwungen, ihn zu bedienen und ihm Respekt zu erweisen. Die Welt hatte sich verändert, zum Glück. „Aber wenn er die Gelegenheit dazu bekäme", dachte der Kaiser, „dann würde dieser Kerl mich umbringen." Wer konnte schon sicher sein, dass ihm nicht noch immer dieser alte Schlagstock im Kopf herumschwirrte.

Mehrfach versuchte er in diesen Tagen, einen Blick auf die Hände des Mannes zu erhaschen. Er wollte persönlich überprüfen, ob noch Blut an ihnen klebte. Nichts. Keine Spur. Die Zeit hatte alle Beweise ausgelöscht.

Aber an diesem Morgen gingen dem alten Kaiser erfreulichere Gedanken durch den Kopf. Haile Selassies Augen waren voll und ganz auf Venedig konzentriert. Er war abgelenkt, nahezu betäubt von dieser über dem Wasser schwebenden Stadt. Er teilte seinem mannigfaltigen Gefolge lediglich mit, er habe große Lust, zu Fuß zu gehen. Der Beamte der Farnesina versuchte ihm das auszureden und krächzte meteorologische Einwände. „Mir macht das Wasser keine Angst", antwortete der Kaiser entschieden. Und lehnte das Taxi ab, das der italienische Staat ihm zur Verfügung gestellt hatte.

„Ich kann nicht wieder von hier wegfahren, ohne den Markusplatz gesehen zu haben", sagte er. Und der Beamte, den man ihm an die Fersen geheftet hatte, versuchte widerwillig, den erschwerten Spaziergang durch die Lagune zu organisieren.

Der Markusplatz...

Er war der geheime Traum des Kaisers von Äthiopien, dieser Platz. Der Traum

---

2   *Wenn der Negus nicht antwortet und nach den Waffen ruft, dann soll er unseren alten Schlagstock kosten! Negus Negest (= „König der Könige") ist der Herrschertitel des letzten Kaisers von Abessinien (A.d.Ü.)*

des Kindes, das er gewesen war und das zu sein er allzu früh aufgehört hatte.

Der Markusplatz mit seinem Turm, mit seinen Windbeutelkuppeln und seinen fetten Tauben würde endlich ihm gehören, in diesem November des Jahres 1970. Und die Riesen, diese beiden Mohren, die die Stunden schlugen, würden ganz unerwartet den Sieg des Kaisers über das alles verschlingende Schicksal bekräftigen.

An diesem Morgen in Venedig war Haile Selassie, mit bürgerlichem Namen Tafari Makonnen, Negus Negest, Macht der Dreifaltigkeit, der letzte Kaiser von Äthiopien, glücklich.

Dass er der letzte Inhaber seines Amtes sein würde, wusste er jedoch noch nicht. Es war noch zu früh für den Zusammenprall mit der Zukunft. Es sollte ihm erst vier Jahre später klar werden, im Jahre 1974, als eine aufgegeilte Soldateska ihn ins Gefängnis sperrte und mit einem Kissen erstickte, um ihn dann – und das war ihr größter Affront – eilig zu begraben, ohne Zeremonie, ohne Gebet.

Aber dieser Tag war noch weit. Im November 1970 gab es für ihn nur das Glück, den Markusplatz zu sehen, so wie er es sich seit seiner Kindheit ausgemalt hatte.

Es muss gesagt werden, dass diese Reise nach Italien, die für den Kaiser selbst im Grunde unerwartet kam, in der Tat erstaunlich gewesen war. Vor allem wegen ihrer Entstehungsgeschichte.

Es war nicht an der Tagesordnung, diejenigen zu besuchen, die das eigene Land besetzt und seine Menschen gedemütigt hatten, damals in den 30er Jahren. Für die Äthiopier war Italien das Land, das sie im 19. Jahrhundert in Adua besiegt hatten, der ruhmreiche Sieg Afrikas über eine imperialistische Macht. Und das Land, aus dem im 20. Jahrhundert Mussolini gekommen war, dem zur Unterwerfung des heiligen äthiopischen Landes jedes Mittel recht war, auch das heimtückischste, wie das Senfgas, die Blutbäder, die Leichenschändung, die Konzentrationslager. Italien hatte Massaker auf die Häupter der Äthiopier niederregnen lassen und ihnen am Ende des Krieges das unrechtmäßig erworbene Gut nicht zurückgegeben – die schöne Stele von Axum, die sich 1970 noch immer dort befand, wo Mussolini sie platziert hatte: auf dem Dreh- und Angelpunkt des imperialen Rom, auf der Piazza di Porta Capena, wenige Meter vom Kolonialministerium entfernt, das damals noch im Aufbau begriffen war und nach dem Krieg Sitz der FAO werden sollte, der Organisation der Vereinten Nationen.

Italien hatte ihnen Leid gebracht.

Italien war der Feind gewesen.

Aber man musste eine neue Seite aufschlagen. Der Kaiser wusste das. Der Krieg war zu Ende. Sieg! Und schon in den 40er Jahren hatte Haile Selassie sich wie ein feiner Herr verhalten. Er hatte keine interne Säuberung gegen die Italiener veranlasst. Er hatte nur verlangt, dass die geraubte Stele nach Axum zurückkehren sollte, an ihren angestammten Platz, und dass die Kriegsverbrecher, die sich in Äthiopien mit fürchterlicher Schuld befleckt hatten, von einem internationalen Gericht verurteilt werden sollten. Leider wurden seine vernünftigen Forderungen von der Geschichte und von den Alliierten nicht erfüllt.

Denn die Geschichte ist – wie man weiß – manchmal hundsgemein.

So stellte Haile Selassie fest, dass er ganz allein einer Welt gegenüberstand, die nichts anderes im Sinn hatte, als die Vergangenheit unter den Teppich zu kehren.

Das war der Grund, weshalb er diesen italienischen Minister, Aldo Moro, als dieser ihn von Somalia aus aufsuchte, mit allen Ehren empfing. Das war die passende Gelegenheit, ein Drehbuch auf den Kopf zu stellen, das er nie gebilligt hatte. Die einzige Gelegenheit, die Gerechtigkeit wieder aufs Tapet zu bringen, die seinem Land versagt worden war.

Er hatte ein schönes Gesicht, dieser Moro.

Der Kaiser hatte seine Fotos in dem Dossier gesehen, das die Geheimdienste für ihn erstellt hatten. Schöne Stirn, dachte Haile Selassie sofort. Schöner Mund. Dieser Italiener scheint mir vertrauenswürdig zu sein.

Das Dossier hatte nichts aus Moros Leben ausgelassen, auch nicht das humanistische Gymnasium, an dem der künftige Minister Abitur gemacht hatte, das Archita in Tarent. Dort hatte der christdemokratische Politiker gelernt, ein *Mensch*[3] zu sein, ein humanes Wesen. „Gute Schule", war in dem Dossier zu lesen. „Wird in Zukunft weitere wertvolle Menschen hervorbringen."

Das Dossier berichtete auch über seine Feinde. Moro hatte viele davon. Einige ganz unverdächtige.

Haile Selassie hätte sich nicht träumen lassen, dass dieser Italiener mit der breiten Stirn und dem aufrichtigen Gesichtsausdruck eines Tages ent-

---

3   *Deutsch im Original (A.d.Ü.)*

führt und dann wie ein Opferlamm getötet werden würde, von einer bewaffneten Gruppe.

Keinesfalls konnte er absehen, dass ihm selbst die gleiche Zukunft in Gestalt eines gewaltsamen Todes bevorstand. Die Ermordung stand bei beiden in den Sternen. Genau wie ihre Auferstehung.

Bei dem Staatsbankett in Addis Abeba im Juli 1970 stand jedoch etwas anderes auf dem Programm. Das Leben nämlich. Da waren Aldo Moro und Haile Selassie, der Italiener und der Äthiopier, Seite an Seite. Sie waren lebendig, geschäftig, lächelten; sie redeten über die Gegenwart, die beiden politischen Führer. Sie lebten in der Gegenwart, in *ihrer* Gegenwart.

Und in diesem heißen äthiopischen Sommer war Aldo Moro erstaunt über die Ehrerbietungen und den warmherzigen Empfang durch das afrikanische Land und seinen charismatischen Regenten. Er musste sich auf irgendeine Art revanchieren. Er musste diesen Haile Selassie, der so klein von Statur war, nach Italien einladen, ihm jegliche Ehre erweisen, und endlich auch den Rechtsstreit um die Stele von Axum beilegen. Entweder durch deren Rückgabe oder zumindest durch eine Entschädigung an das Volk in Form von Geld, Krankenhäusern, Schulen oder sonst etwas. Sie mussten endlich diese lästige Geschichte begraben, die zwischen Äthiopien und Italien stand, und auf einer geänderten Grundlage einen Neuanfang herbeiführen. Wenigstens versuchen musste man es. Auch wenn es, das muss gesagt werden, in Italien noch Leute gab, die Afrika als große Kolonie betrachteten, wo man seine Waffen verkaufen und den Ton angeben konnte.

So kam es, dass nur wenige Monate nach Aldo Moros Besuch in Äthiopien der Kaiser sich nun in Venedig befand, auf einem Steg balancierend, an einem regnerischen Novembertag des Jahres 1970.

Aldo Moro war es gewesen, der diese Einladung nach Italien veranlasst hatte, Aldo Moro, der ihn um jeden Preis dorthin haben wollte.

Eigentlich hatte die Reise weiter südlich begonnen, in der Hauptstadt Rom, schon vor einigen Tagen. Regnete es oder schien die Sonne bei seiner Ankunft? Der Kaiser wusste es nicht mehr. Er war auf dem Flughafen Ciampino angekommen, daran erinnerte er sich jedenfalls noch genau. Und an die großen Reden dort. So viel Rhetorik.

Der kleine große Kaiser hörte dem Dolmetscher aufmerksam zu, der sogar die Atempausen zügig übersetzte.

Staatspräsident Saragat schüttelte ihm die Hände. Und Sandro Pertini, der in den kommenden Jahren seinerseits Präsident werden würde, flüsterte ihm einen Satz zu, den der Dolmetscher folgendermaßen wiedergab: „Majestät, auch ich bin Partisan gewesen. Wir haben gegen denselben Feind gekämpft, denselben gottverdammten Faschismus."

Der Kaiser lächelte. Pertini, ebenfalls lächelnd, fügte hinzu: „In Ventotene, wohin sie mich in die Verbannung geschickt haben, stammte einer meiner besten Freunde aus dem Horn von Afrika."

Haile Selassie dachte in diesem Augenblick, wie überraschend Geschichte doch sein konnte. Wie verzwickt alles im Leben doch letztendlich war.

Der Kaiser und Sandro Pertini, ein Sozialist, der kein Blatt vor den Mund nahm, hatten gegen denselben Feind gekämpft. Der eine in Italien, der andere in Äthiopien. Sie waren Brüder, ohne es gewusst zu haben.

Das Programm sah im Anschluss an die Landung und den Austausch von Höflichkeiten einen Autokonvoi vor. Alles war bis ins kleinste Detail ausgetüftelt worden. Der Konvoi von Personenwagen, eskortiert von Carabinieri der Ehrengarde des Staatspräsidenten – so stand es im Protokoll –, sollte ihn zum Quirinalspalast bringen, doch zuvor sollte es einen Abstecher zum Bürgermeister der Stadt geben, der ihn mit der Militärkapelle vor dem Kolosseum erwartete.

Haile Selassie kannte die Stadt nicht. Aber trotzdem begriff er sofort, dass mit der Strecke, über die sie ihn geleiteten, etwas nicht stimmte. Von Anfang an erschien sie ihm viel zu verschachtelt. Der Wagen fuhr zu viele Umwege über steile Nebenstraßen und der Fahrer, den er trotz der Trennscheibe sehen konnte, schwitzte und schnaufte vor Anstrengung. Das, was er vom ersten Moment an vermutet hatte, bestätigten am folgenden Tag zahlreiche Zeitungsartikel, die sein persönlicher Dolmetscher ihm Wort für Wort übersetzte. So schrieb etwa Maurizio Montefoschi in IL MESSAGGERO:

Die wohlbekannte Erfahrung der Stadt auf dem Gebiet der Verkehrsumleitungen wurde diesmal in den Dienst des Protokolls gestellt, mehr aus Takt und Feingefühl denn aus zeremoniellen Gründen: Ein ebenso entschiedenes wie höfliches Linksabbiegeverbot hat dem Kaiser von Äthiopien die Aufregung erspart, in nur wenigen Metern Entfernung am Obelisken von Axum vorbeizufahren, der auf die Piazza di Porta Capena verpflanzt worden ist.[4]

---

4 *Maurizio Montefoschi (1970), „Rom applaudiert Haile Selassie", in: IL MESSAGGERO,*

Die italienischen Behörden hatten also extra eine gewundene und unwegsame Strecke ausgearbeitet, nur um eine Begegnung mit seiner Stele zu verhindern.

Der Kaiser war nicht übermäßig verärgert über diese Angelegenheit. Er war ein Mann von Welt. Er wusste nur zu genau, wie die Diplomatie funktionierte. Diese Stele war schließlich Gegenstand des Rechtsstreits, über den diskutiert werden sollte. Und ihm genügte es ohnehin nicht, sie nur zu sehen; er, Haile Selassie, Negus Negest, Macht der Dreifaltigkeit, Kaiser von Äthiopien, wollte seine Stele mit zurück nach Hause nehmen.

Er lächelte, während der Dolmetscher ihm die gesamte Pressemappe übersetzte. Ein sarkastisches, aber auch bewunderndes Lächeln. Die Italiener wollten es zu keinem Zwischenfall kommen lassen. Wenn man es genau betrachtete, war diese ganze Sorge um ihn ein Zeichen der Wertschätzung. Ein wenig fand er sogar Gefallen daran.

Sie stand wirklich völlig kopf, die Welt. Aber genau deswegen war bei staatlichen Angelegenheiten mehr Sorgfalt als sonst vonnöten.

Von Anfang an beschloss Rom, sich dem kleinen großen Afrikaner von seiner schönsten Seite zu zeigen.

Auf den Kaiserforen, genau da, wo Mussolini 1937 die Annexion Äthiopiens an das italienische Reich mit einem prunkvollen Truppenaufmarsch gefeiert hatte, genau auf dieser Straße erhielt Haile Selassie dank Aldo Moro seine Revanche. Die Revanche Äthiopiens gegenüber der Geschichte.

Rom war festlich bunt geschmückt. Alle Straßen waren mit großformatigen farbenfrohen Wandteppichen aus dem siebzehnten Jahrhundert behängt. Überall herrschte buntes Treiben und die ganze Stadt war eine einzige Fläche aus Brokat und Seide in Gelb- und Blau-Tönen. Zahlreiche Römer jeglichen Alters und jeglicher politischer Orientierung – ebenfalls geschniegelt und gestriegelt – säumten die Straßen und riefen aus vollem Halse seinen Namen. Sie renkten sich die Arme aus, um ihn zu begrüßen. Einige von ihnen waren „erwachsen gewordene Balilla-Jungen, die einst *Faccetta nera*[5] gesungen hatten", schrieb Montefoschi in IL MESSAGGERO. Viele hatten Tränen in den Augen, tief gerührt von der Anwesenheit dieser großen kleinen

---

7.11.1970, S.16

5   *Faccetta Nera, „Kleines schwarzes Gesicht" (gemeint ist eine ostafrikanische Schönheit), ist der Titel eines anlässlich des Italienisch-Äthiopischen Krieges 1935 entstandenen Marschliedes der faschistischen Milizionäre. (A.d.Ü.)*

Gestalt mitten unter ihnen. Haile Selassie, der Negus aus den Büchern (und aus dem Schulunterricht) war hier, aus Fleisch und Blut. Welch Wunder! Welche Freude!

Und Teil an dieser Freude hatte auch Mario del Monte, ein Mann um die Fünfzig, geboren in Bevagna und aufgewachsen in Perugia, der nach dem Krieg nach Rom umgezogen war und dort eine Familie gegründet hatte.

Mario del Monte war ein jovialer Mann mit vielen Freunden, die wöchentliche Kartenrunde am Donnerstag, Abendessen bei den Schwiegereltern am Freitag, Kino – seine Leidenschaft – wann immer er konnte. Seine Frau verspottete ihn: „Mario, du liebst Audrey Hepburn mehr als mich", sagte sie immer zu ihm. Und irgendwie stimmte das auch. Er liebte alles, was es auf Zelluloid nur gab. Die Wutausbrüche John Waynes, die Ironie Paul Newmans, die Sinnlichkeit der Ava Gardner und die schlechte Laune der zerbrechlichen Marilyn. Aber Audrey war die Beste. Ein Schmetterling auf der Leinwand, der ihm die Illusion vermittelte, nur ganz für ihn allein zu existieren.

Audrey...

Vor dem Krieg – und im Krieg war er fast noch als Kind gewesen, auf dem Afrikafeldzug – war das Kino ein Zeitvertreib gewesen wie jeder andere. Nichts Besonderes. Dann, nach dem Krieg, hatte sich das geändert, da war es der einzige Rettungsanker, an den man sich klammern konnte, um nicht unterzugehen. Im Kino konnte er träumen, der Realität entfliehen, sich amüsieren. Um glücklich zu sein, genügten Mario del Monte ein dunkler Saal, eine schöne Geschichte und seine Frau, die in diesem Halbdunkel, das nur von der Leinwand erleuchtet wurde, seine Hand hielt. Seine Frau Teresa, aus Umbrien wie er, wusste, dass Mario innerlich zerbrochen war. Irgendetwas war schiefgelaufen in diesem abscheulichen Krieg, in den Mussolini sie hineingezogen hatte. Aber sie fragte nicht. Sie hatte mit den Jahren gelernt, über die Vergangenheit ihres Mannes hinwegzusehen. Schon allein deshalb, weil der Alltag – die drei Kinder, die Älteste, „diese dickköpfige Rebellin", die verheiratet werden musste – ihr schon genügend Kopfschmerzen bereitete und ihr Denken vollständig in Anspruch nahm.

Teresa war nicht unter der jubelnden Menge. Sie war zu Hause geblieben, um zu kochen oder vielleicht auch um Hemden zu bügeln, wer wusste das schon.

Aber Mario war dort, in der Via dei Fori Imperiali, und zitterte.

Er hatte einen Gegenstand bei sich, eingewickelt in ziegelrotes Papier, den er dem Kaiser übergeben wollte. Zumindest versuchte er es. Aber er schaffte es nicht, zu ihm vorzudringen.

Er nahm sich also ein paar Tage frei, er war ein kleiner Postbeamter. „Schließlich", sagte er zu seinen Vorgesetzten, „hatte ich dieses Jahr noch keinen Urlaub." Seiner Frau erzählte er nichts von seinem verrückten Plan. Von dieser fixen Idee, den Kaiser von Äthiopien zu treffen. Er sagte nur, er wolle seinen Bruder in Turin besuchen. Mario wusste nämlich, dass Haile Selassie dorthin kommen würde, um die Fiat-Werke zu besichtigen. Das stand in allen Zeitungen. Was nicht dort stand: dass der Rechtsanwalt Agnelli ein massives Sicherheitsaufgebot bestellt hatte. Für Mario wurde es also ein weiterer Schlag ins Wasser. Man ließ ihn nicht hinein, man nahm ihn sogar fest; sein dichter Bart und sein eiskalter Blick wirkten auf die Ordnungskräfte alles andere als vertrauenerweckend. Dann versuchte er es am Bahnhof von Mailand, verfehlte den Kaiser aber um Haaresbreite. Man hatte ihm das falsche Gleis angegeben. Und als er es bemerkte, war es zu spät. Der Zug war bereits abgefahren. Da blieb ihm nur noch eine einzige Gelegenheit: Venedig. Er durfte ihn nicht noch einmal verpassen. Er war ganz ruhig. Jetzt hatte er ihn in der Hand.

Auf dem Markusplatz angelangt, ließ er ihm zunächst die Zeit, in dieser merkwürdigen Stellung – auf dem Steg balancierend – den unter Wasser stehenden Platz zu bewundern. Erst an der Vaporetto-Haltestelle (denn der Kaiser wollte unbedingt Vaporetto fahren, wie die Venezianer) und aus gebührendem Abstand schrie er ihm auf Amharisch zu: „Majestät, ich bitte Sie, lassen Sie mich durch!"

Haile Selassie war verwundert, diesen leicht glatzköpfigen Italiener mit dem dichten Bart in seiner Sprache rufen zu hören. Wer konnte das sein? Er hatte den Akzent der Einwohner von Addis Abeba. Seinem Alter nach zu schließen, war er wahrscheinlich an der italienischen Besatzung seines Landes beteiligt gewesen. Er war versucht, sich abzuwenden. Ihn zu ignorieren. Stattdessen befahl er seinem Gefolge, ihn durchzulassen.

Als Mario endlich vor ihm stand, tat er das, wovon er schon so lange geträumt hatte: Er warf sich dem Kaiser zu Füßen. Dann begann er unzusammenhängende Wortfetzen zu stammeln, in einem immer gebrocheneren Amharisch. „Kommen Sie auf den Punkt", drängte ihn der Kaiser mit einer gewissen Heftigkeit. Er starb fast vor Neugierde, weil er unbedingt wissen wollte, was in das ziegelrote Papier eingewickelt war, das der Italiener so behutsam in den Händen hielt.

„Der Punkt ist", sagte Mario del Monte mit einer Stimme, die immer wieder von einem seltsamen Pfeifen durchbrochen wurde, „der Punkt ist, dass ich Ihnen etwas zurückgeben wollte."

Und dann erzählte ihm Mario del Monte von jenem Jahr 1936, da er als Freiwilliger in den Äthiopienkrieg gezogen war. „Ich wusste nichts über Ihre Heimat", sagte er und es klang wie eine Rechtfertigung, „ich glaubte, Sklaven aus Ihren Krallen zu befreien, Herr Kaiser, denn so stand es in den Zeitungen. Niemand sollte versklavt sein."

Er sah wie in einem Film, unterlegt mit einer schmerzvollen Filmmusik, sich selbst in Äthiopien wieder, einen leichtfertigen jungen Mann, der von Abenteuern und schönen Frauen träumte. Er war in Massaua angekommen, wie so viele andere, und in wenigen Tagen zu seinem Regiment gestoßen, das an der Grenze stationiert war.

Es war heiß in Ostafrika, viel zu heiß. Scheiß-Afrika. Das war sein erster Gedanke. Der zweite war: „Was soll ich eigentlich hier?" Mario war ein intelligenter Junge und begriff sehr schnell, dass die ganze Propaganda, die er in Italien in sich aufgesogen hatte, eine einzige Lüge gewesen war. „Aber erst nördlich von Adua wurde mir klar, dass ich ein Invasor war."

An diesem Punkt biss Mario sich auf die Zunge, dass es blutete. Er hätte seinen Bericht fortsetzen können. Aber er tat es nicht. Er brachte es einfach nicht über sich, dem Kaiser zu erzählen, wie seine Kameraden ein kleines Mädchen vergewaltigt hatten, während die Askaris Schmiere standen. Wie er es nicht geschafft hatte, das zu verhindern. Wie sie ausgesehen hatte, schon fast tot, gekreuzigt auf den hohnlachenden Körpern ihrer Peiniger. Die Kameraden hatten ausgerechnet von ihm verlangt, ein Foto zu machen. Das Mädchen war vor seinem Objektiv gestorben und wurde den Hyänen überlassen. Sie hatten – und daran war er beteiligt – ihre Hütte in Brand gesteckt. Als alles vorbei war, hatte er, wenige Meter vom Ort der Gräueltat entfernt, eine Ikone gefunden, die auf ein Holzbrett gemalt war. Es war eine antike Heilige mit blauer Aureole. Eine Heilige, die Schmerz empfand über den Tod Jesu und Freude über seine Auferstehung. Mit blondem Haar und schwarzer Haut. Oh, wie sie dem ermordeten Mädchen ähnlich sah!

Er sagte dem Kaiser nichts von diesem verfluchten Tag. Er streckte ihm nur den Gegenstand hin, der nichts anderes war als die Ikone, die er im Tembiental gefunden hatte.

„Ich wollte Sie um Verzeihung bitten im Namen aller Italiener", sagte Mario del Monte.

„Diese Ikone gehört Ihnen, Majestät. Ich habe sie aus Ihrer Heimat mitgenommen und all die Jahre aufgehoben. Mit großem Schmerz. Ich gebe Sie jetzt Ihnen und Ihrem Volk zurück. Denn nur Sie, Majestät, sind ihr rechtmäßiger Eigentümer."

Und bevor Haile Selassie irgendetwas antworten konnte, klammerte Mario del Monte sich noch fester an die Füße des kleinen großen Kaisers und weinte.

Simona Sparaco

Der Mann, der es geschafft hat

Aus dem Italienischen von
Stefanie Römer

Paolo starrt den Mann gegenüber an, den Mann, der es geschafft hat. Der thront, die Arme vor der Brust verschränkt, hinter einem Schreibtisch – wie in einer Trutzburg – und heißt Giorgio Vincenzi. Er ist der Inhaber einer weithin bekannten Werbeagentur in Rom. Als Schüler war er auf demselben Gymnasium wie Paolo, auch wenn er gerade zugeben muss, dass er sich nicht mehr an ihn erinnert.

„Cidonia. Nein, auch dein Nachname sagt mir nichts. In welcher Klasse warst du nochmal?"

Paolo versucht sich um eine Antwort zu drücken, es ist ihm unangenehm. An die Schule denkt er nicht allzu gerne zurück. Es lief zwar gut für ihn, aber anders als bei Giorgio, um den sich alle geschart haben. Er, Paolo Cidonia, ist seinen Schulkameraden immer aus dem Weg gegangen, hat sich stets nur auf ein Ziel konzentriert – sein Juraexamen. Weiß der Himmel, was er sich danach erhofft hat, als er in die Notariatskanzlei seines Vaters, Gino Cidonia, einstieg. Das fragt er sich heute noch. Bestimmt nicht, dass sie so schnell schließen würde. Als Gino von Alzheimer vernichtet wurde, noch bevor ihn die vielen Schulden in den Ruin trieben, war Paolo gerade einmal ein Jahr dort beschäftigt.

Seitdem sucht er nach einer anständigen Arbeit, und jetzt, als er Giorgio Vincenzi Auge in Auge gegenübersitzt, glaubt er, das könnte die Gelegenheit sein, auf die er gewartet hat. Zugegeben, siebenhundert Euro netto im Monat sind ein Trauerspiel, aber immerhin ein Anfang. Auch Giorgio wird einmal am Anfang seiner Karriere gestanden haben. Und hat sich dann wohl rücksichtslos nach oben geboxt – so hartgesotten und kaltschnäuzig, wie er sich gibt.

Doch mit dem, was sein Gegenüber im nächsten Moment macht, hat Paolo garantiert nicht gerechnet: Giorgio zieht ein Kostüm hervor, genauer gesagt, ein riesiges Kondom mit zwei kleinen Sehschlitzen.

„Deine Aufgabe", erklärt er, „besteht vor allem darin, das Tagungspublikum in diesem Outfit zu empfangen."

Der Mann, der es geschafft hat, hat nicht nur eine Fresse zum Reinschlagen, sondern auch einen Vorschlag zum Kotzen.

„Machen wir's kurz, du willst mir also wirklich nicht verraten, was dein Job sein soll?"

Auch wenn sie seit zwanzig Jahren gute Freunde sind, will Paolo diesmal weder etwas erzählen noch erklären. Außerdem hat Riccardo eine völlig andere Auffassung von Arbeit. Er hat die Schule nach der achten Klasse geschmissen und seitdem alles Mögliche gemacht. Zuletzt war er Türsteher in einer Bar, auch wenn er sich lieber als PR bezeichnet, englisch ausgesprochen mit diesem ihm eigenen Akzent, bei dem man einfach lachen muss. Riccardo ist eben ein cooler Typ. Einer, der gemocht wird. Vor allem von den Frauen. Er kifft sich um den Verstand, und manchmal wirft er sich ein paar Pillen ein, aber bei alledem gelingt es ihm, Geld beiseite zu legen. Seit Jahren steckt er es in einen Sparstrumpf, ja, einen von diesen alten Dingern mit einem gestopften Loch vorne am großen Zeh. Er hat bereits ein hübsches Sümmchen beisammen. Auch er hat es auf seine Weise geschafft: Er zahlt regelmäßig seine Rechnungen und lässt Paolo sogar kostenlos bei sich wohnen.

„Ich hab's dir doch schon gesagt, Ricky, ich soll den Kunden repräsentieren. Aber falls ich die Stelle annehme, will ich nicht, dass du mit Vittoria zum Kongress kommst... ich möchte in Ruhe gelassen werden. Ihr beide bringt mich nur aus dem Konzept. Bitte, tu mir den Gefallen."

Vittoria ist Paolos Verlobte und macht gerade eine Ausbildung zur Kosmetikerin. Ihr ist es zu verdanken, dass er nicht völlig auf die schiefe Bahn geraten ist, als sein ganzes Leben drauf und dran war, den Bach runter zu gehen. Sie hat Augen von einem derart leuchtenden Blau, dass Paolo jedes Mal, wenn er hineinsieht, meint darin zu ertrinken.

Riccardos ganzer Stolz hingegen ist ein Tribal-Tatoo auf der Brust, das bis zum Hals reicht. Gerade öffnet er die obersten Hemdknöpfe, damit es auch jeder sehen kann. „Okay, ich hab's kapiert", sagt er und gibt noch einen letzten Spritzer Eau de Toilette in die Haare, die zu einem dunklen Pferdeschwanz zusammengebunden sind. „Damit liegst du mir schließlich schon den ganzen Tag in den Ohren."

„Weil du mich ständig fragst, um was für eine Arbeit es sich handelt."

„Ich frag dich nur, weil sie normalerweise Frauen für so etwas nehmen. Nur deshalb. Aber wenn es dir wirklich so gegen den Strich geht, dass wir vorbeischauen, dann lassen wir das eben, entspann dich mal. Hauptsache, du nimmst den Job an." Um dann, schon auf dem Weg zur Tür, während er im Spiegel des Flurs nochmals sein Erscheinungsbild überprüft, beiläufig fallen zu lassen: „Ich hab' heute das Geld im Strumpf gezählt." Seine schmalen Lippen kräuseln sich zu einem Lächeln. „Schätz mal, wie viel ich schon zusammengekratzt habe."

„Was weiß ich?"

„Ein First-Class-Ticket ist locker drin, mehr brauch ich wohl nicht zu sagen."

Ein weiterer ehemaliger Mitschüler der beiden, Carlo Felici, hat sich in Indonesien niedergelassen, wo er eine Agentur leitet, die Ferienhäuser an Touristen vermietet. Wenn man ihm glaubt, liegt das Geld dort auf der Straße und man kann leben wie Gott in Frankreich. Deshalb will Riccardo nun ebenfalls schnellstmöglich dorthin, er wartet nur noch darauf, dass Paolo eine Arbeit findet, um seine Wohnung übernehmen zu können.

„Und du wolltest unbedingt, dass ich das Geld auf die Bank bringe. Die Kontogebühren hätten inzwischen die Hälfte meiner Ersparnisse aufgefressen. Du und dein untrüglicher Geschäftssinn!" Dann tippt er zum Abschied mit dem Zeigefinger kurz gegen die Stirn und lässt die Tür hinter sich ins Schloss fallen.

Ein paar Stunden später liegt Paolo nackt auf dem Bett. Sein Blick ist von Vittorias Brüsten gefesselt, die einen hypnotischen Tanz über ihm vollführen – bis zu dem Moment, als eine Tür krachend ins Schloss fällt und das Gekicher einer Frau zu vernehmen ist. Genervt lässt sich Vittoria zur Seite fallen.

„Was ist los?" Paolo ist irritiert. Vittoria dagegen sauer: „Was wohl?! Riccardo ist wieder da."

Ein schrilles Lachen dringt durch die Tür. Sie zieht eine Grimasse: „Mit irgendeiner Tussi. Bestimmt eine Shampooneuse... Hör mal, wie die lacht."

Paolo befindet sich dank der Bewegungen von soeben noch immer viel zu sehr in einer Art Trance, um sich beschweren zu wollen: „Na und? Sie lacht, das heißt, sie mag ihn. Los, komm her!" Erneut versucht er Vittoria an sich zu ziehen, während er überlegt, wie sie es nur anstellt, immer noch so unwiderstehlich auf ihn zu wirken. Als wären sie nicht schon fast drei Jahre zusammen und ihre Stimme hätte nicht immer diesen tadelnden Unterton. Als würde sie ihm nicht ständig zu verstehen geben, was für ein Loser er ist. Trotzdem mag er Vittoria so, wie sie ist. Sie ist seine Rettung, sein Segen. Und wenn er könnte, würde er sie vom Fleck weg heiraten, ohne auch nur eine Minute zu überlegen.

„Wart ab, gleich hört sie auf zu lachen."

Sie verdreht die Augen: „Du kapierst aber auch gar nichts."

„Es ist seine Wohnung, was soll ich machen? Soll ich rübergehen und ihm sagen, jetzt reicht's aber mit lachenden Frauen?"

„Es reicht mit den Frauen und es reicht überhaupt. Mir reicht's mit ihm. Mir reicht's mit dir und ihm in derselben Wohnung. Ich will mit dir zusammenziehen und ihn nicht mehr am Hals haben, kapiert? Wenn du arbeiten würdest, ich meine, richtig arbeiten, mit einem anständigen Gehalt, dann könntest du dir diese Wohnung alleine leisten."

„Nur noch ein paar Monate, ich bin ja schon dran."

„Ein paar Monate... seit zwei Jahren sagst du mir, nur noch ein paar Monate. Zwei Jahre ein Vorstellungsgespräch nach dem anderen, von denen man nie weiß, wie sie ausgehen. Was ist übrigens mit dem letzten?"

„Sie rufen mich an."

„Wer ruft dich denn an, Pa'? Du hängst ständig bei mir rum und dein Handy ist toter als tot!"

Lächelnd steckt er den Schlag weg, dann packt er sie an den Schultern und zieht sie an sich. Nachdem sie sich ein wenig gewehrt hat, gibt sie schließlich nach und registriert das lustvolle Stöhnen und Quietschen der Matratzenfedern im Zimmer nebenan erst, als es nicht mehr zu überhören ist. Da fährt sie abermals hoch: „Es reicht, ich pack das nicht mehr."

Paolo versucht sie mit einer albernen Grimasse zu besänftigen: „Wenigstens lachen sie jetzt nicht mehr!"

Vittoria wirft ihm ein Kissen ins Gesicht: „Du bist unerträglich!" Dann steht sie auf und beginnt sich anzuziehen.

„Wohin gehst du?"

„Nach Hause. Meine Eltern warten auf mich."

„Komm schon... im Ernst, du willst doch nicht..."

„Ich wohne noch immer bei meinen Eltern, falls du das vergessen haben solltest. Ich würde gerne mit dir zusammenziehen, falls du das inzwischen nicht auch vergessen hast."

Paolo seufzt.

„Eine Arbeit, Paolo. Eine Arbeit und ich bleib für immer hier. Verstanden? Für immer." Während sie den Reißverschluss ihrer Jeans hochzieht, schenkt sie ihm einen tiefgründigen Blick.

In gespieltem Schrecken macht Paolo große Augen und fragt: „Wie, für immer? Im Sinn von ‚für immer und ewig'?"

Doch es will ihm nicht gelingen, ihr das erhoffte Lächeln auf die Lippen zu zaubern. Vittoria antwortet nicht und geht zur Tür.

Die Sonne hat die knalligen Farben in Riccardos Wohnung wieder zum Leben erweckt und Paolo ist gerade dabei, in der grün-gelben Küche seines Freundes Kaffee zu kochen, als hinter seinem Rücken ein blondes langbeiniges Wesen in Slip und BH auftaucht.

„Coffee?"

Paolo räuspert sich: „Äh? Ja, Kaffee. Do you wollen?"

„Thank you."

Sein Blick fällt auf die rosa Spitze, die ihre Brustwarzen verhüllt, und ihm schießt der Gedanke durch den Kopf, dass er gerne des Englischen mächtig wäre wie Riccardo, der es auf seinen Aufreißtouren gelernt hat.

„Schugarr?"

Die Frau lacht: „Thank you. Two spoons, please."

Ohne ein Wort zu verstehen, reicht Paolo ihr die Zuckerdose und kommt sich dabei immer mehr wie ein Idiot vor.

„Hola. So früh schon auf den Beinen?" Frotzelnd taucht Riccardo in der Küche auf. Auch er trägt nur eine Unterhose, mit einem Iron-Man-Aufdruck auf der Seite. Die Frau küsst ihn neckisch, bevor sie sich mit ihrem Kaffee in Riccardos Zimmer verzieht und die beiden allein lässt.

„Was war das denn für 'ne heiße Schnitte?"

„Eine mit zwei hübschen Titten."

„Das ist ja 'ne Hammerbraut, von wegen nur Titten."

„Es gibt Bessere, Pa', glaub mir... aber man nimmt, was man kriegen kann."

Was für ein großspuriges Getue jedes Mal, wenn Riccardo Sex gehabt hat.

„Das sagst du immer: ‚Es gibt Bessere', und dann schlägst du hier mit einer auf, die aussieht, als käme sie direkt von einem Casting."

„Wenn das für dich schon heiße Bräute sind, dann warst du noch nie in Indonesien. Ich hab gestern mit Carlo gesprochen, er meint, ich soll mich beeilen, dort wartet das Paradies auf mich."

„Und wann willst du los?"

„So bald wie möglich. Ich muss langsam mit den Reisevorbereitungen anfangen."

„Und was ist mit mir?"

„Wer von uns beiden hat sich denn unbedingt eine feste Freundin anlachen müssen? Such dir lieber eine Arbeit, damit deine durchgeknallte Vittoria endlich aufhört, dir die Hölle heiß zu machen!"

Zwei Wochen später beobachtet Paolo – als Riesenkondom verkleidet – die Welt durch zwei Sehschlitze, und besagte Welt ist ein Kongress zum Thema Sexualerziehung. Überraschend viele Besucher. Es gibt solche, die lachend auf ihn zeigen, und solche, die ihn neugierig beäugen. Doch keiner weiß, dass er es ist, der sich im Inneren verbirgt. Und dabei soll es auch bleiben, denn zwischen Komik und Drama verläuft eine hauchdünne Grenze namens Würde.

Der einzige, der um die Identität des „Kondommannes" weiß, ist Giorgio Vincenzi: der Mann, der es geschafft hat. Und der ist soeben in Begleitung eines seiner Taschenträger auf dem Kongress erschienen und in Paolos Blickfeld geraten.

Giorgio lässt sich noch nicht einmal zu einem Nicken herab, doch bevor er seinen Erkundungsmarsch fortsetzt, darf sich der Taschenträger Paolo nähern.

„Pass gut auf, was du tust", richtet sich der Typ mit drohendem Unterton an ihn. „Wenn du Scheiße baust, bin ich dran. Ein Fehler und du bist draußen, kapiert?"

Paolo würde ihm am liebsten ins Gesicht spucken, aber er schluckt seine Wut hinunter und nickt nur. Die Visage des Kerls wandert vor den Gucklöchern auf und ab, dann verschwindet sie hinter eine Gruppe wiehernder Teenies.

Wenig später bahnt sich Paolo gerade einen Weg durch die Menge, als er plötzlich wie vom Donner gerührt stehen bleibt: Ganz hinten sind soeben Riccardo und Vittoria aufgetaucht.

Wie gut, dass er den Freund extra gebeten hat, nicht zu kommen, denkt er. Vittoria, die Überraschungen liebt, wird ihn wahrscheinlich überredet haben. Während er Kurs auf die zwei nimmt, malt er sich bereits aus, was für Gesichter sie machen werden, wenn ihnen dämmert, wer sich unter dem Riesenkondom versteckt.

Irritiert vom seltsamen Verhalten der beiden bleibt er jedoch wenige Schritte entfernt stehen. Mit einer ärgerlichen Geste signalisiert Riccardo Vittoria, Abstand zu halten, sich zusammenzureißen. „Ich kann ihn nirgends sehen...", meint er zu ihr, während er sich umschaut.

„Vielleicht hat er uns Mist erzählt, damit wir ihn in Ruhe lassen – damit du endlich fliegen kannst und ich nicht mehr herumnörgle. Du bist froh, stimmt's? In ein paar Tagen bist du mich endlich los."

Beide werfen einen Blick zu dem Maskottchen, ohne sich jedoch beeindrucken zu lassen wie all die anderen, die sich kichernd und mit flapsigen Sprüchen nähern. In seinem Kostüm überläuft es Paolo plötzlich kalt und er hat das Gefühl, zu schrumpfen.

„Du wirst eine bildhübsche Indonesierin finden und ein glückliches, zufriedenes Leben führen", hört er aus dem Mund seiner Vittoria. „Und er wird nie erfahren, wie weh du mir getan hast."

„Hör endlich auf. Du bist jämmerlich."

„Und du unehrlich. Wir hätten mit ihm reden müssen."

„Na klar."

Paolo wird es schwarz vor Augen. Er hat noch immer Gänsehaut, obwohl er schwitzt.

„Bleib hier, bitte. Mir geht's nicht gut, Ricky. Ohne dich pack ich das nicht." Es ist die Stimme von Vittoria, es ist immer noch sie, die spricht.

Paolo verliert für einen Moment das Gleichgewicht, fängt sich jedoch wieder. Jemand rempelt ihn an. Er weicht zurück, während seine Freunde in seinem Sichtfenster immer kleiner werden. Schließlich dreht er sich um und beschleunigt seine Schritte. Er ist aufgewühlt, strauchelt. Eine fremde Hand rettet ihn vor dem endgültigen Sturz. Dann ein Zusammenstoß. Abermals erscheint das Gesicht des Taschenträgers vor seinen Sehschlitzen, die Augen ob dieser Ungeheuerlichkeit weit aufgerissen. Doch bevor auch nur ein Wort über seine Lippen dringt, hat Paolo sich bereits den oberen Teil der Verkleidung vom Kopf gerissen und zu Boden geschleudert.

„Ich hab schon viel Scheiß gemacht", faucht er mit zerzausten Haaren und verstörtem Blick, „großen, ganz großen, riesigen Scheiß. Aber Tag für Tag in einem bescheuerten Kondom vor Hitze draufzugehen, ist mit Abstand der größte – das kannst du Vincenzi gerne von mir ausrichten."

An einer Kreuzung steht ein Mann in einem rosafarbenen Overall. Mehr noch als seine seltsame Kleidung erregt seine traurige Miene die Aufmerksamkeit der Passanten. Sogar er selbst erkennt sich nicht wieder. Er sieht sein Spiegelbild im Schaufenster eines Geschäfts und fragt sich, was aus ihm geworden ist – und aus all dem, an das er geglaubt hat. Der Tiber ist ganz in der Nähe: Schon immer hat ihn das dahinfließende Wasser beruhigt. Er überquert die Straße, ohne darauf zu achten, dass die Ampel auf Rot steht. Ein weißes Auto bremst und hupt. Es ist ihm egal. Er klettert über die Ufermauer, steigt die Böschung hinab und lässt sich wenige Meter vom Ufer entfernt ins Gras fallen. Während er mit einem Gefühl, als laste ein zentnerschweres Gewicht auf seiner Brust, in den Himmel schaut, versucht er langsam wieder zu sich selbst zu finden.

Später liegt derselbe Mann mit dem Rücken zur Tür unter seiner Decke im Bett.

„Darf man erfahren, wo du warst?", ätzt Riccardo, der ins Zimmer getreten ist. „Auf dem Kongress auf jeden Fall nicht. Vittoria hat dich den ganzen Tag über immer wieder angerufen und du hast kein einziges Mal geantwortet."

Paolos Stimme ist fadendünn, kaum mehr als ein Hauch: „Ich habe schreckliche Kopfschmerzen, wahrscheinlich auch Fieber. Falls Vittoria anruft, sag ihr, dass wir morgen telefonieren."

„Und die Arbeit? Der Kongress?"

„Ich fange übermorgen an. Wie schon gesagt, mir geht's nicht gut."

„Okay, dann lass ich dich mal besser in Ruhe", erwidert sein Freund, bevor er die Tür hinter sich schließt.

Auch wenn er ihn nicht direkt angesehen hat, weiß Paolo, dass Riccardo ebenso ratlos geschaut hat wie sein Vater damals, wenn er versuchte, sein rebellisches Verhalten zu verstehen. Und dabei nicht begriff, dass sich dahinter Paolos Hass auf ihn verbarg, auf seine Lügen, auf die Tränen, die er seine Frau vergießen ließ. Und zwar lange bevor sich die beiden trennten. Lange bevor Alzheimer alles zunichtemachte.

Selbst in Riccardos Stimme klang das raue Timbre des Notars Cidonia durch, der nun in einem Pflegeheim für Demenzkranke wohnt. Paolo fragt sich, ob dieses Ende nicht vielleicht der letzte Ausweg seines Vaters war, um all seinen Sünden zu entkommen – indem er jegliche Erinnerung an sie verlor.

Mit einem Mal wird Paolo alles klar: Früher hat er sich immer eingeredet, dass er später einmal, als Erwachsener, in der Lage sein werde zu vergeben. Doch jetzt, wo er tatsächlich erwachsen – und zudem arbeitslos – ist, sieht er keinen Sinn mehr darin.

Urplötzlich schießt ihm ein Gedanke durch den Kopf. Ein rettender Gedanke, der nichts mit seinem wahren Ich oder dem, was er bis zu diesem Tag dafür gehalten hat, zu tun hat. Ein Lichtblick im Dunkel des Zimmers. Ein Schlachtplan.

Er nimmt das Handy und sucht im Internet nach der Mailadresse von Carlo Felici. Kaum ist er auf der Website von dessen Agentur fündig geworden, beginnt er zu schreiben.

Zwei Tage später nippt Vittoria in einer Bar am Stadtrand in Begleitung von zwei Freundinnen an einem Aperitif. Sie unterhalten sich über die bevorstehende Hochzeit einer der beiden.

Vittoria saugt jedes Wort über das Brautkleid, die Blumen und die Bonbonnieren auf, während sie an die Ehe ihrer Eltern denkt und daran, wie sie als kleines Mädchen mit ihren Puppen spielte und sich dabei vorstellte, Ehefrau und Mutter zu sein. Oft wurde sie bei einer ihrer Freundinnen vergessen, und dann lieh man ihr einen Schlafanzug und jemand anders brachte sie anstelle ihrer Eltern, die viel zu viel arbeiteten, am nächsten Morgen zur Schule. Seit damals lässt sie dieses Gefühl nicht mehr los: vergessen worden zu sein. Es ist zum Kern ihrer Existenz geworden. Immer ist sie diejenige, die auf der Strecke bleibt, die den falschen Weg einschlägt, die es nicht schafft, zu heiraten und ein Kind zu bekommen.

Das Handy klingelt und auf dem Display erscheint Paolos Name. Der Name des Mannes, von dem sie seit zwei Jahren zum Altar geführt werden möchte, des einzigen, der sie zur Ehefrau und Mutter machen könnte. Der ihr eine Identität schenken könnte.

„Entschuldigt, da muss ich schnell rangehen... Hallo Schatz, was gibt's?"

Gleich darauf erhellt ein überraschtes Lächeln ihr Gesicht: „Machst du Witze?... Tja, vier Stunden sind nicht viel... Und nur für ein paar Tage?... Lass mich wenigstens kurz nach Hause fahren, um einen Koffer zu packen und Bescheid zu geben... okay... Bis gleich."

„Was ist? Jetzt spuck's schon aus!", fragen die Freundinnen verwundert.

„Das war Paolo. Er war wie ausgewechselt. Er sagt, er hat eine Überraschung für mich vorbereitet und will ein paar Tage mit mir verreisen. Ich kann's noch gar nicht glauben... In vier Stunden treffen wir uns am Flughafen. Ist das denn zu fassen? Ausgerechnet Paolo. Wenn ihr mich fragt, will er mich verschaukeln... Also, falls das ein schlechter Scherz ist, dann wird er mich diesmal aber kennenlernen..."

Am Check-in einer thailändischen Fluggesellschaft fragt ein junger Mann mit zerrissenen Jeans die Bodenhostess im First-Class-Bereich, wie lange es noch dauert, bis das Gate öffnet.

„Noch zweieinhalb Stunden, mein Herr. Sie sind viel zu früh."

„Oder vielleicht zu spät", murmelt Paolo vor sich hin. Dann wirft er einen Blick zur Eingangstür. Sein Handy klingelt und der Name „Ricky" erscheint auf dem Bildschirm. Paolo schaltet es auf stumm, während er ein halb genervtes, halb zufriedenes Grinsen zu unterdrücken sucht.

Das Telefon klebt förmlich an Riccardos Ohr, der darauf wartet, dass sich das Freizeichen endlich in eine Stimme am anderen Ende der Leitung verwandeln möge. Er hat schwitzige Hände und das Herz hämmert ihm wie verrückt in der Brust. Er hat sämtliche Schubladen von vorne bis hinten durchwühlt, aber sein Sparstrumpf ist und bleibt spurlos verschwunden.

Er schuldet einem Dealer, der bekanntermaßen recht ungemütlich werden kann, etwas Geld, und es will ihm nicht in den Kopf, wie sich sein Erspartes so mir nichts dir nichts in Luft aufgelöst haben soll.

„Paolo, verdammt, geh endlich ran. Wenn er die Haustür offen gelassen hat, bring ich ihn um, ich schwör's..."

Dann, als sei ihm gerade eine Erleuchtung gekommen, bricht er den Anruf abrupt ab. Er steht auf und geht zum Zimmer, in dem sein Freund normalerweise schläft.

Paolo sitzt am Tisch einer Espressobar gegenüber vom Check-in und schlürft einen Kaffee, als sein Handy erneut vibriert. Diesmal ist es Vittoria. Und diesmal nimmt er ab.

Inzwischen hat Riccardo Paolos Zimmer betreten und nach einem kurzen Moment des Zögerns beschlossen, auch dort alle Schubladen herauszuziehen, um darin weiterzusuchen.

Vittoria taucht lächelnd in der Espressobar auf, die Reisetasche über der Schulter. Als sie Paolo sieht, lässt sie sie zu Boden fallen, und stürzt aufgeregt kichernd auf ihn zu.

Paolo dagegen zeigt keine Regung, er schluckt.

„Also?", fragt Vittoria. „Ich hab mich fast überschlagen. Was ist das denn nun für eine Überraschung?"

Noch immer erwidert Paolo ihr Lächeln nicht: „Du hast noch eine halbe Stunde", erklärt er ihr. „Das Boarding für deinen Flug nach London beginnt gleich."

Vittoria macht große Augen: „Was soll das heißen, mein Flug nach London?"

„Das heißt, dass mir noch zwei Stunden bleiben."

„Wofür? Ist das ein Witz?"

„Stell dir vor – genau das war der erste Satz, der mir vorgestern auf dem Kongress durch den Kopf geschossen ist."

Diesmal muss Vittoria schlucken: „Wann?"

„Denn weißt du, Vitto', bis vorgestern bin ich mir wie ein Loser vorgekommen, und hab immer gedacht, du wärst zu schön für mich. Und Riccardo zu cool, zu großherzig. Ich hab mir gedacht, ich werde jetzt endlich einen Job finden, dann kann ich Vittoria heiraten, und dann ist auch Riccardo zufrieden. Es ist okay, wenn ich mich für lachhafte siebenhundert Euro auf Kongressen als Kondom verkleiden muss... immerhin besser als nichts. Und es ist okay, wenn ich für ein Arschgesicht von Chef arbeiten muss, der mich damals im Gymnasium wie einen Aussätzigen behandelt hat. Alles okay, solange ich sie hab, hab ich mir gesagt, und bald werde ich auch eine Familie haben. Doch dann hab ich mich gefragt: Will ich diese Familie eigentlich wirklich? Weil Familien nämlich auch ein verdammt großer Scheiß sein können. Schau dir meine an... Und weißt du, wann ich mir das alles gesagt hab?"

Vittoria hat tellergroße feuchtglänzende Augen und wagt kaum zu atmen.

„Weißt du, wann ich mir gesagt habe, dass ich nicht in einer so riesigen Scheiße, einer solch gigantischen Lüge enden will?"

Vittoria bleibt stumm.

„Als ich mich in diesem idiotischen Kondomkostüm totgeschwitzt habe. Da hab ich mir das gedacht und mir ist aufgegangen, dass ich das alles gar nicht will, eine Familie und so. Dass ich lieber alles ausprobieren möchte, was ich bis vorgestern aus Prinzip niemals gemacht hätte. Angefangen bei einer schönen Reise. Und du, Vittoria, brauchst ebenfalls eine Auszeit, um dir über so manches klar zu werden. Und jetzt entschuldige mich, ich mach mich auf in meine Lounge. Auch weil dieser Kaffee hier, ehrlich gesagt, eine Zumutung ist."

Paolo steht auf. Vittoria bleibt nach wir vor stumm, die Augen voller Tränen.

„Vergiss nicht, dich bei Ricky für das Ticket zu bedanken", fügt Paolo noch hinzu, bevor er zehn Euro auf den Tisch legt und sich Richtung Check-in entfernt.

Das Zimmer in Riccardos Wohnung, in dem Paolo schläft, sieht aus, als hätte der Blitz eingeschlagen. In der untersten Schublade hat Riccardo ein Blatt gefunden, das er gerade mit ungläubiger Miene in den Händen hält.

„Ich wusste, dass du früher oder später in mein Zimmer kommen würdest, um dort zu suchen. Wie sagt man noch gleich? Vertraue niemand außer dir selbst. Deinen Sparstrumpf betrachte ich als kleine Entschädigung. Vorgestern beim Kongress, in diesem Kostüm, war es verdammt heiß. Hoffentlich ist das Klima in Indonesien angenehmer. Carlo hat mir versichert, dass momentan die optimale Jahreszeit ist – auch um einen Job zu finden. Als ich ihm meine Geschichte erzählt habe, hat er mir geraten, dir Folgendes zu schreiben: ‚Die beste Art, dich an einem Freund zu rächen, der mit deiner Freundin schläft, ist nicht, ihm die Freundschaft zu kündigen oder ihm

seine Ersparnisse zu nehmen, sondern einfach, ihm die Frau zu überlassen.'
Ich glaube, Carlo hat recht. Und wenn ich mir noch eine letzte Bemerkung
erlauben darf: Was Vittoria angeht, Ricky, glaub mir, es gibt Bessere… Aber
sie ist die Beste, die du kriegen kannst."

Nadia Terranova

Ertrinken

Aus dem Italienischen von
Ruth Mader-Koltay

Und da überkam sie diese Angst: Können wir in der Zeit hängenbleiben, wenn wir uns darin einrichten? Deshalb ist es besser, viele Zeiten zu haben, um in keine davon endgültig hineinzufallen.
MARIA ZAMBRANO

Letzte Nacht im Traum bin ich ertrunken.

Ich schlief zwischen den Strömungen, die aus dem Zusammentreffen beider Meere in Sizilien entstehen, in der Stadt, in der ich geboren bin und in der ich nicht mehr lebe; das Bett war warm vom Fuß meines Mannes, der auf meinem Fußgelenk ruhte, und auf einmal, trotz der Wärme unter dem Betttuch und der Wolldecke, begann ich ins Wasser zu gehen. Ich ging vorwärts, als ob ich den Weg wüsste, und das Wasser kühlte mir die Fesseln, die Waden, die Knie und dann die Schenkel, die Hüften, den Bauch, die Brüste und die Schultern und schließlich das Kinn und den Mund, bis ich versuchte zu sprechen: Da wurde ich plötzlich von einer Welle verschluckt und war verschwunden. Noch einen Augenblick zuvor war ich durch die Meerenge zwischen der Insel und dem Festland geschritten, zwischen Tyrrhenischem und Ionischem Meer, zwischen Messina und Rom; und einen Augenblick später ertrank ich. Nicht dass sich mein Blick vernebelt hätte oder mir die Kräfte schwanden, nur so viel geschah: Ich ging von einem Augenblick auf den anderen unter und mein Körper existierte nicht mehr.

Davon erwachte ich und setzte mich im Bett auf, rief halblaut: „Pietro...", nicht weil ich ihn gebraucht hätte, sondern einfach weil ich meinen Mann nicht von der Tatsache ausschließen wollte, dass ich gerade dabei war zu sterben. Es fühlte sich ganz nebensächlich an, das Sterben, und ich wollte, dass er das mitbekam. Meine Arme und Achseln waren verschwitzt, Schweiß auch auf der Stirn und auf den Schultern, er murmelte meinen Namen und wachte dann erst richtig auf, „Ida, ganz ruhig", sagte er und hielt meinen Arm fest, dann zwang er sich, die Augen zu öffnen und setzte sich neben

mir auf. Es gab nichts zu sagen zwischen uns, was für mich tröstend gewesen wäre, und ich spürte sogleich, dass ich weder das Raumgreifende
meines Traumes, noch die Angst mit ihm teilen konnte. Man ist allein,
wenn man träumt, man ist allein, wenn man stirbt, man ist immer allein.

Einmal, es war vor zehn Jahren, wir waren erst ein paar Monate zusammen, da hatte ich ihm vorgeworfen, er interessiere sich zu wenig für meine
Alpträume, ich hatte zu ihm gesagt, in meiner Kindheit habe meine Großmutter mich immer aufgefordert, davon zu erzählen – wenn du sie nicht er-
zählst, kannst du dich nicht von ihnen befreien, sagte sie immer –, und jetzt
war sie nicht mehr da, und wenn nicht er mich danach fragte, dann konnte
ich nichts erzählen und befreien konnte ich mich dann auch nicht. Also hatte Pietro angefangen, mich zu fragen, wie es mir gehe, in der Nacht, wenn ich
aufschreckte, und morgens vor der Arbeit: Erzähl mir, was du geträumt hast,
insistierte er dann und ich versuchte zu antworten, aber es funktionierte
nicht, so wie es nie funktioniert, wenn man versucht, Dinge aus einem Zeit-
abschnitt in den nächsten zu übertragen, sie gehören dorthin, wo sie sind; es
hat schon seinen Grund, dass Erinnerungen Erinnerungen bleiben sollten,
anstatt in die Gegenwart hineinzufunken. Es war ein Fehler gewesen, die Sache mit meiner Großmutter zu erwähnen: War das Erzählen bei ihr, in ihrem
duftenden Riesenbett mit der altmodischen Bettwäsche, ganz natürlich ins
Fließen gekommen, so fand ich es mit Pietro mühsam, mich zu öffnen. Genauso war es auch gestern Nacht, keiner von uns beiden hatte Lust auf Worte
und unsere Abmachung von damals war weit weg, so weit wie die Zeiten, in
denen wir auf Angst mit Liebe geantwortet hatten und auf Alpträume mit Sex.

Ich griff nach der Plastik-Wasserflasche auf dem Nachttisch und trank
mit langen Schlucken. Pietro berührte meinen Rücken mit der Art von Liebe, wie wir sie jetzt haben, eine müde Liebe: Hände, die niemals zu intim
werden, die den Bauch auf der Höhe des Bauchnabels streicheln, verzwei-
felte Hände, die sich an den Saum eines Unterhemdes, an das Gummiband
einer Unterhose klammern, eine Liebe, die nie zu etwas anderem wird, die
sich nie weiter vorwagt, die in Zuneigung festgefahren um sich selber kreist
und von alleine in zwei Teile zerfällt, während wir uns, nach einer kurzlebi-
gen Illusion, ohne wirklich miteinander verschmolzen zu sein, zurückziehen
und sofort wieder zu dem werden, was wir sind: zwei säuberlich voneinan-
der getrennte Geschöpfe. Es war wie ein Tanz. Ich trank und schluckte und
er nahm meinen Arm, ich legte mich wieder hin und er legte sich dazu, ich
wälzte mich auf eine Seite und er drehte sich erst in meine Richtung, in

die Löffelstellung, dann aber wieder auf die andere Seite, bis wir schließlich Rücken an Rücken versuchten, uns wieder in den Schlaf zu wiegen. Noch im Halbschlaf mit Mühe meinen Bewegungen zu folgen, das war seine Art, mich zu lieben, so wie man sich nach zehn Jahren eben noch lieben kann; es gibt glückliche Paare, die einander das ganze Leben lang fortwährend begehren, aber bei meinem Mann und mir war es nicht so gekommen. Irgendwann hatten unsere Körper nicht mehr zusammen funktioniert, hatten aufgehört, sich im Schlaf und vor dem Einschlafen umeinander zu schlingen – nun prallten wir aneinander ab. Und das war schon lange passiert, bevor wir aufgehört hatten, miteinander zu schlafen. Der Sex ist eine Sprache und zwischen mir und Pietro waren in der ersten Zeit unserer Beziehung viele Worte gesprochen worden, damals, als ich aus Sizilien und aus einer verstümmelten, im Schweigen gefangenen Familie geflüchtet war und er mich in Rom aufnahm und Freund, Vater und Bruder für mich wurde. Damals hatte ich nicht nur eine neue Stadt, sondern auch ein neues Ich gefunden und er war da, immer, mit einer Hilfsbereitschaft, die mich rührte. In diesen ersten Monaten zogen wir uns immer aus, sobald es irgendwie ging, und nachdem wir einander bis zur Bewusstlosigkeit begehrt hatten, waren wir glücklich, auch wenn ein Detail uns bereits hätte andeuten können, dass dies nicht von Dauer sein würde: Wir schliefen nie zweimal miteinander, waren mit nur einem Mal zufrieden, und gleich danach gingen wir auf Abstand, um uns wieder anzukleiden. Alles, was wir beim anderen suchten, konnten wir einander in einem ganz kurzen Moment geben, der sich niemals länger ausdehnte, und danach stellten wir diese undurchdringliche Fremdheit wieder her, die zugleich der Grund für unsere Anziehung war. Aber schon bald – viel zu bald für eine Beziehung, die fürs ganze Leben bestimmt war – war diese Fremdheit dann zum Normalzustand geworden. Wir hatten nach und nach aufgehört, aneinander zu denken, wenn wir getrennt waren; die Freiheit, die wir einander geschenkt hatten, war unentbehrlich geworden, als würden wir ohne sie ersticken, und fast zur selben Zeit hatte der Körper aufgehört, Schauplatz unseres Zwiegesprächs zu sein. Wir stritten oft, verletzten einander aber nie wirklich: Wir lebten einer im Schatten des anderen, wachten übereinander mit einer Achtsamkeit, wie ich sie in meinem früheren Leben nie kennengelernt hatte; nach dem Ende unseres Begehrens hatten wir eine Zeitlang noch ein gemeinsames Ritual gepflegt, um einander trotzdem Lust und Befriedigung zu verschaffen, aber bald war auch diese Ersatzhandlung unbrauchbar geworden wie ein altes Wörterbuch.

Die Schuld daran, das war mir schon immer bewusst, liegt bei mir. Ich bin es wohl gewesen, die sich als erste wieder in sich selbst verschlossen hat, da ich nun einmal nicht an Offenheit gewöhnt bin.

Nicht nötig, mich daran zu erinnern, dass es in Beziehungen zwischen Menschen keine Schuld gibt: Ich bin es gewohnt, das Leben als komplexes Gebilde aus Verantwortlichkeiten zu betrachten, aus Entscheidungen, die ich hätte rückgängig machen müssen, aus Abzweigungen, an denen ich falsch abgebogen bin. Ich bin es gewohnt, zu denken, dass ich an allem schuld bin, was geschehen ist, angefangen beim Schicksal meines Vaters, der spurlos verschwand, als ich dreizehn war. Niemand hat je erfahren, ob Professor Laquidara sich umgebracht hat oder einfach fortgegangen ist, ob er gegen seinen Willen entführt wurde oder ob er sich – wie ich immer geglaubt habe, auch wenn man seine Leiche nie gefunden hat – bei vollem Bewusstsein ins Meer gestürzt hat. Er war einfach eines Tages fortgegangen aus dem Haus, in dem wir drei wohnten – er, meine Mutter und ich –, und an seiner Stelle war die Feuchtigkeit bei uns eingezogen, die die Wände rissig werden ließ und die Fensterläden zerfraß. Ich habe sein Fortgehen wie eine Strafe auf mich genommen, auch wenn ich nicht recht wusste, wofür, und habe gemeinsam mit meiner Mutter versucht, weiterzumachen. Als ich meinem Mann meine Geschichte erzählte, sagte er nichts dazu und nahm die Anomalie einfach hin. Dann redete er von etwas anderem. Er sagte, die Arbeit als Sekundarschullehrerin, die ich damals anstrebte, werde mich noch ins Grab bringen, er sagte, das Leben der anderen, Schüler, Eltern und Kollegen, werde mich zugrunde richten und im Lauf der nächsten zehn Jahre hilflos, unterwürfig und unglücklich machen. Er sagte, ich solle stattdessen anfangen zu schreiben und in den Geschichten, die ich erfinden würde, all den Schmerz unterbringen, für den sonst nirgendwo Platz war. Ich hatte Pietro nichts von den Tagebüchern erzählt, in denen ich nach dem Verschwinden meines Vaters seinen Namen und die Anekdoten festgehalten hatte, die ich mit ihm verband, und von diesem Tag an war ich mir sicher, dass Pietro über die außergewöhnliche Fähigkeit verfügt, in meiner Seele zu lesen. Einen um den anderen Tag habe ich mich auf ihn verlassen. Mein Mann ist das, was man einen guten Menschen nennt, seine Vertrauenswürdigkeit ist ein Fels, aber wie alle Felsen hat er auch Seiten, die feindselig und abweisend sind, wenn man versucht, hinaufzuklettern. Ich wäre nicht einmal imstande, einen Termin beim Zahnarzt auszumachen, wenn er es nicht für mich tun würde, und ich würde keine Rechnungen und keine Steuern bezahlen, wenn mich die Aktenordner, die er für unser Haus angelegt hat, nicht ständig dazu ermahnten, die Belege abzuheften; es gibt aber auch Tage, an denen ich denke, dass das nicht stimmt, dass ich durchaus alles alleine schaffen kann, dass ich damit aufhören sollte, ihn als Vorwand zu benutzen, und lieber die Möglichkeit in Betracht ziehen, mich in jemand anderen zu verlieben. Ich habe einmal ein Interview mit einer berühmten Musikerin gesehen, die ihren Mann – ebenfalls Musiker – verloren hatte, nach fast sechzig Jahren an seiner Seite, also das, was die Leute eine künstlerische Lebensgemeinschaft nennen. Der Interviewer fragte sie, wie es denn in der ersten Zeit gewesen sei, als sie sich ineinander verliebt hätten, und da rümpfte sie die Nase und erwiderte: *What?!*, ganz erstaunt fragte sie ihn, wie er das denn meine, sie hatte einfach nicht die leiseste Ahnung, was der junge Reporter unter diesem Verb verstand: sich verlieben. Das Gespräch handelte von Trauer und Witwenschaft und von der grenzenlosen Verbundenheit, derentwegen sie in all den Jahren mit ihm zusammengeblieben war – das war es, was zählte, jeden Tag zusammen sein, jede Entscheidung gemeinsam treffen, den Geruch, das Geschlecht, den Charakter des anderen in- und auswendig kennen. Das bedeutete Ehe. Der ganze Rest war ein stürmisches und unbekanntes Meer, das zu überqueren sich nicht lohnte.

Seit dem Tag, an dem ich in einer Bar im römischen Viertel Eur meinem Mann, den ich damals erst drei Wochen kannte, die Geschichte von meinem Vater erzählt habe, über die ich vorher noch mit niemandem gesprochen hatte, seither sind zehn Jahre vergangen. Heute erfinde ich fiktive wahre Geschichten für das Radio, die ein anderer vorliest, weil ich meine Stimme nicht leiden kann, und ich lache in mich hinein, wenn der Sprecher zwischen meinen Worten die passenden Pausen macht und die Zuhörer dadurch zum Weinen und zum Lachen bringt. Unsere Sendung ist die meistgehörte im ganzen Programm und unter den Geschichten aller Autoren sind es meine, die am besten wirken, in die man sich am besten hineinversetzen kann. Die Leute wollen immer wissen, wie die Geschichten enden; manchmal gehe ich darauf ein und schreibe eine Fortsetzung, aber meistens lasse ich diesen Wunsch unerfüllt: Keiner von uns Menschen weiß, wie seine Existenz enden wird, wir platzen in ein Spiel hinein, das schon angefangen hat, und gehen wieder, bevor wir mitbekommen, wie es ausgeht, und wenn meine Geschichten dem Leben ähnlich sein sollen, dann aber richtig – dann müssen sie auch unvollendet bleiben.

Gestern Nacht, als ich im Traum ertrunken bin, spürte ich, wie der Name, die Stimme und der Körper meines Vaters eins wurden mit dem Wasser, das mein Körper verdrängte, und auch mit dem, welches über mir zusammenschlug, um mich zu ertränken und zum Schweigen zu bringen. Nachdem ich dann doch nicht gestorben war, schmiegte mein Mann sich für fünf oder zehn Minuten an meinen Rücken und schlief dann wieder ein. Ich lag zusammengerollt mit dem Gesicht zur Wand, spürte seine Körperwärme und hoffte, dass ich es nicht noch einmal mit dem Meer zu tun bekäme; die Nacht birgt zwar auch Waffen, mit denen man sich verteidigen kann, aber die hatte ich schon alle aufgebraucht. Ich wurde wieder unsichtbar, aber wenn ich ertrunken, wenn ich wirklich gestorben wäre, hätte ich nur von meinem Mann gesehen werden wollen.

Der Gegenpol zur schwärzesten Angst ist eine unerwartete Leichtigkeit, und so bekam ich Lust, mit Pietro zu schlafen, als sollten wir einander verschlingen, so wie in der ersten Zeit: Ich drehte mich zu ihm um und fing an, ihn heftig zu streicheln, aber er gab nur einen seltsamen Laut von sich, der den Rhythmus seines Atems unterbrach, während sein ganzer Körper sich in Abwehr zusammenzog. So ist es jetzt zwischen uns: Wir können uns flüchtig berühren oder einander in den Armen wiegen, aber die Möglichkeit, Sex zu haben, lässt uns zurückzucken wie verschreckte Tiere: Wenn wir es tun würden, würde das nicht bedeuten, einander vertrauter zu werden, sondern im Gegenteil, das bisschen an körperlicher Intimität zu verlieren, das wir mühsam aufgebaut haben. Wir kennen einander zu gut, um das Schamgefühl herauszufordern und einander nackt zu sehen, bei diesem Anblick würde es keinem von uns gelingen, sich gehen zu lassen, und das nicht, weil wir den Körper des anderen nicht schön oder anziehend fänden, sondern weil wir nicht mehr genau wüssten, was wir diesem Körper überhaupt sagen sollten. Zwischen uns schläft immer das alte, nutzlose Wörterbuch.

Ich habe mich dann wieder zurückgezogen und auf die andere Seite gedreht, so dass ich ihm wieder den Rücken zuwandte. Ich presste meine Hand auf seine, auf der Höhe meines Bauchnabels, und fing wieder an, mit offenen Augen nachzudenken (mit meinen Augen, die offen waren, nachdem ich ja nun doch nicht gestorben war – während er neben mir schlief: das Sinnbild für unsere Distanz). Ich dachte, dass ich Pietro dankbar bin für seinen Rat vor zehn Jahren in der Bar in Eur. Heute schreibe ich meine fiktiven wahren Geschichten für das Radio und in der Anonymität erarbeite ich mir Respekt und Beliebtheit. Jeden Tag bringe ich in den Geschichten ein Stückchen von meinem Schmerz unter und von dem Wasser, das aus meinem Leben schwappt, und manchmal denke ich, dass das reichen wird, um mich zu retten. Aber dann höre ich eine Stimme murmeln, die mich aus diesen Gedanken reißt und mir einflüstert, dass das nicht stimmt, dass Dankbarkeit allein nicht ausreicht, um eine Ehe vor dem Ertrinken zu retten. So dachte ich dann während dieser nicht enden wollenden Schlaflosigkeit, dass ich meinem Mann ins Gesicht schauen sollte und ihn fragen, ob ihm aufgefallen ist, was hier passiert, dass ich mich quer ins Bett legen oder in den Türrahmen stellen sollte und zwischen uns die Frage aufwerfen: Hast du auch gemerkt, dass dein Schwanz und meine Möse sich nichts mehr zu sagen haben? Ich sollte alles in Stücke schlagen und dann könnten wir vielleicht noch einmal von vorne anfangen, bei diesem Tag in der Bar in Eur. Und da ja ich an allem schuld bin, male ich mir aus, dass ich dann das genaue Gegenteil tun würde, ihm also nichts mehr von meinem Vater erzählen, denn das unmittelbare Anvertrauen ist ein Fehler und die Menschen fallen immer wieder darauf herein, indem sie dieses Anvertrauen missverstehen und glauben, es sei stark genug, um eine ganze Existenz darauf zu bauen. Das stimmt aber nicht.

An all diese Dinge habe ich gedacht, während Pietro regelmäßig atmete und ich schwitzte, voller Angst, wieder zu ertrinken, sobald ich die Augen schloss; ich wartete auf die Morgendämmerung, die einfach nicht kommen wollte. Aber früher oder später kommt alles doch und zerstört die Person, die wir waren oder glauben zu sein.

Autorinnen und Autoren

PAOLO DI PAOLO (Rom, 1983) gehörte 2003 zu den Finalisten des Premio Italo Calvino per l'inedito und des Premio Campiello Giovani. Seine Romane *Raccontami la notte in cui sono nato* (2008), *Dove eravate tutti* (2001, Premio Mondello und Super Premio Vittorini), *Mandami tanta vita* (2013, Premio Salerno Libro d'Europa, Premio Fiesole Narrativa und Finalist des Premio Strega), sowie *Una storia quasi d'amore* (2016) sind alle bei Feltrinelli erschienen. Darüber hinaus veröffentlichte er unter anderem die Kinderbücher *La mucca volante* (2014, Finalist Premio Strega Ragazze e Ragazzi) und *Giacomo il signor bambino* (2015, Premio Rodari). Etliche seiner Werke wurden in verschiedene europäische Sprachen übersetzt.

SIMONE GIORGI (Rom, 1981) war von 2002 bis 2006 Bühnenautor am Teatro delle Apparizioni, arbeitete für das Kino und schreibt heute fürs Fernsehen. Im Jahr 2012 wurde er mit seinem Roman *Il peggio è passato* für den Premio Italo Calvino nominiert; 2014 war er zum zweiten Mal unter den Finalisten dieses Literaturpreises und erhielt eine Sonderauszeichnung für den Roman *L'ultima famiglia felice*. Nach der Veröffentlichung bei Einaudi 2016 wurde dieses Werk mit dem Premio Liborio Guccione ausgezeichnet.

GABRIELLA KURUVILLA (Mailand, 1969) hat italienisch-indische Wurzeln und ist Schriftstellerin, Malerin und Illustratorin, zudem Architektin und Journalistin. Zu ihren Veröffentlichungen zählen *Media chiara e noccioline* (Derive Approdi, 2001), *È la vita, dolcezza* (Baldini Castoldi Dalai, 2008 – Morellini Editore, 2014), *Questa non è una baby-sitter* (Terre di Mezzo, 2010) und *Milano, fin qui tutto bene* (Laterza, 2012). Für Morellini Editore gibt sie die Reihe *Città d'autore* heraus und illustriert die Titelseiten der Reihe *Varianti*.

GAIA MANZINI, geboren in Mailand, ist Autorin von *Nudo di famiglia* (Finalist Premio Chiara) und *La scomparsa di Lauren Armstrong* (Vorauswahl

Premio Strega, Finalist Premio Rieti), beide erschienen bei Fandango. 2014 veröffentlichte sie bei Laterza *Diario di una mamma in pappa*. Als Co-Autorin war sie am Treatment von *Mia madre* beteiligt, dem letzten Film von Nanni Moretti (2015). Zudem arbeitet sie für den Treccani-Verlag, die Zeitschrift *Donna Moderna* und die Tageszeitung *La Repubblica*. Ihr Roman *Ultima la luce* erschien 2017 bei Mondadori.

LUDOVICA MEDAGLIA, geboren 1999 in Mailand, hat sich erst vor Kurzem dem Schreiben zugewandt und 2016 den Premio Campiello Giovani gewonnen. Sie hat das Liceo Classico Beccaria in Mailand besucht und studiert zurzeit Alte Geschichte und Altphilologie in Pisa (an der Scuola Normale Superiore und an der dortigen Universität).

DEMETRIO PAOLIN (1974) lebt in Turin und hat mehrere Romane geschrieben. *Conforme alla Gloria* (Voland) landete unter den ersten Zwölf des Premio Strega 2016, war Finalist des Premio Moncalieri und Premio Tropea und gewann den Premio Subiaco. Paolin beschäftigt sich mit zeitgenössischer erzählender Literatur, zudem arbeitet er für die Tageszeitungen *Il Foglio* und *Corriere della Sera* sowie für Esquire.com. Er gibt Kurse für kreatives Schreiben, spielt liebend gerne Kicker und hört begeistert AC/DC.

ANNA PAVIGNANO, geboren in der Provinz Novara, debütierte als Drehbuchautorin mit dem Film *Ricomincio da tre*, bei dem der Hauptdarsteller Massimo Troisi auch Regie führte. Die Zusammenarbeit mit dem bekannten Schauspieler dauerte bis zum Film *Il Postino* an (Regie Michael Radford, 5 Oscar-Nominierungen, unter anderem in der Kategorie Drehbuch). Im Verlag Edizioni e/o sind von ihr erschienen: *Da domani mi alzo tardi, In bilico sul mare* sowie *Venezia, un sogno*. Ihr neuester Roman trägt den Titel *La Svedese* (Verdechiaro Edizioni, 2017).

IGIABA SCEGO, geboren in Rom, stammt aus einer somalischen Familie. Beherrschendes Thema ihres Werks sind die Problematiken der Migration und der Multikulturalität. Von ihren vielen Büchern sei unter anderem an *Roma Negata* (Ediesse, 2014), *Adua* (Giunti, 2015) und *Prestami le ali* (Rrose Sélavy, 2017) erinnert. Sie arbeitet für die Zeitschriften *L'Espresso* und *Internazionale* und ist *fellow* des Center for the Humanities and Social Change der Universität Ca' Foscari in Venedig.

SIMONA SPARACO, geboren in Rom, veröffentlichte 2008 die Romane *Lovebook* und *Bastardi senza amore*, beide bei Newton Compton. Es folgten *Nessuno sa di noi* (2013, Gewinner des Premio Roma e Finalist des Premio Strega), *Se chiudo gli occhi* (2014, Premio Selezione Bancarella, Premio Salerno Libro d'Europa und Premio Tropea) und *Equazione di un amore* (2016), alle bei Giunti veröffentlicht. Im Jahr darauf publizierte Einaudi ihr jüngstes Werk *Sono cose da grandi*.

NADIA TERRANOVA, geboren in Messina, lebt heute in Rom. Aus ihrer Feder stammen die Romane *Gli anni al contrario* (Einaudi 2015, Gewinner zahlreicher Preise, darunter Premio Bagutta Opera Prima, Premio Fiesole, Premio Brancati sowie in den USA The Bridge Book Award) und *Addio fantasmi* (Einaudi, 2018), sowie verschiedene Kinderbücher wie *Bruno il bambino che imparò a volare* (Orecchio Acerbo, 2012) oder *Casca il mondo* (Mondadori, 2016). Ihre Bücher sind in mehreren europäischen Ländern erschienen. Sie arbeitet für *La Repubblica* und andere Zeitungen.

Übersetzerinnen

CHRISTIANE BURKHARDT, geboren 1966 in Stuttgart; Ausbildung zur Verlagskauffrau, danach Studium der Italienischen Literaturwissenschaft, Neueren Deutschen Literatur und Kunstgeschichte. Sie lebt in München und übersetzt aus dem Italienischen, Niederländischen und Englischen.

RAGNI MARIA GSCHWEND stammt aus Kempten im Allgäu und lebt seit rund vierzig Jahren in Freiburg. Ebenso lang arbeitet sie als freiberufliche Übersetzerin aus dem Italienischen in den Bereichen Belletristik, Essayistik und Oper. Zu den von ihr übersetzten Autoren gehören u.a. Ennio Flaiano, Tommaso Landolfi, Elsa Morante, Antonio Moresco, Italo Svevo, Fulvio Tomizza und vor allem Claudio Magris. Für ihre Tätigkeit wurde sie mehrfach – von deutscher wie italienischer Seite – ausgezeichnet.

DR. RUTH MADER-KOLTAY, geboren 1968 in Weingarten/Württ.; Studium der Italienischen und Französischen Literaturwissenschaft und der Neueren Deutschen Literatur. Sie lebt in Freiburg und arbeitet als Dozentin bei der Dante-Alighieri-Gesellschaft und als literarische Übersetzerin.

STEFANIE RÖMER, geboren 1966 in Zürich, studierte Italianistik, Wirtschaftspolitik und BWL in Freiburg und Urbino. Sie arbeitete zunächst in der Medienbranche, dann als Dozentin für Italienisch. Neben ihrer Übersetzertätigkeit unterrichtet sie heute auch Literarisches Übersetzen an der LMU München.

VITE ALLO SPECCHIO

dieci nuovi protagonisti
della scena letteraria italiana

PAOLO DI PAOLO | SIMONE GIORGI | GABRIELLA KURUVILLA | GAIA MANZINI
LUDOVICA MEDAGLIA | DEMETRIO PAOLIN | ANNA PAVIGNANO
IGIABA SCEGO | SIMONA SPARACO | NADIA TERRANOVA

VITE ALLO SPECCHIO

dieci nuovi protagonisti
della scena letteraria italiana

NONSOLO

Spiegelungen | Vite allo specchio

© 2018 *nonsolo Verlag*, Freiburg

1ª ediz., settembre 2018

Copertina, tipografia e layout: Michelangelo Mochi
Carattere per le pagine interne e la copertina: Alda OT CEV
Stampa e rilegatura: CPI buch bücher.de GmbH, Birkach

Per il racconto *L'icona*: © Copyright [2018] Igiaba Scego.
Published in agreement with Piergiorgio Nicolazzini Literary Agency (PNLA)
Il racconto di Nadia Terranova è pubblicato
in accordo con MalaTesta Lit. Ag. Milano

Stampato in Germania
ISBN 978-3-947767-00-7

Indice

Prefazione

Ce l'abbiamo fatta. Dopo un anno di lavoro intenso, ecco dunque il nostro primo volume, una raccolta di dieci racconti di altrettanti scrittrici e scrittori italiani. Un'antologia in lingua italiana e tedesca che è un esordio e una dichiarazione di intenti al tempo stesso: *nonsolo Verlag* si ripropone infatti di pubblicare in Germania esclusivamente testi di letteratura italiana contemporanea non ancora editi in lingua tedesca. Quale modo migliore per iniziare, dunque, se non presentare in una volta sola ben dieci nuovi protagonisti della scena letteraria italiana?

I racconti sono tutti inediti, scritti in esclusiva per la nostra casa editrice (eccetto uno) e legati da un filo conduttore mai come ora dolorosamente attuale: l'identità, interpretata nelle sue molteplici varianti. Gli autori, affermati in Italia e per lo più vincitori e/o finalisti di importanti premi letterari (vedi le note biografiche), sono tutti ancora poco conosciuti al pubblico tedesco (una lacuna inspiegabile che andava senz'altro colmata). Ma qui finiscono le analogie tra i dieci testi che vi presentiamo – perché il motivo per cui li abbiamo scelti è anche e soprattutto la diversità di registro che li caratterizza. Volevamo infatti offrirvi un quadro il più eterogeneo possibile dell'attuale scena letteraria italiana, per venire incontro all'esigenza di chi, come noi, pur vivendo in Germania, desidera restare al passo con quanto viene pubblicato in Italia.

Nonostante il contributo innegabile di alcune eccellenti case editrici, che da sempre guardano con un occhio di riguardo alla letteratura del nostro Paese, è purtroppo un dato di fatto che solo la punta dell'iceberg della letteratura italiana riesce ad emergere sul mercato editoriale tedesco, mentre la maggior parte delle nuove, interessantissime voci che animano il nostro panorama letterario non ottengono lo spazio che meriterebbero. Remare contro

questa tendenza è il nostro primo obiettivo, e l'antologia che tenete tra le mani è il primo passo in questa direzione.

Sia pure in forma sintetica e per forza di cose incompleta, pensiamo che questa raccolta proponga uno spaccato rappresentativo dell'attuale produzione letteraria italiana nelle sue molteplici forme, dando voce a scrittori emergenti, ma già quotati (come Demetrio Paolin e Simone Giorgi), ad autrici con diverse pubblicazioni alle spalle (Nadia Terranova, Simona Sparaco, Gaia Manzini), a rinomate narratrici di origine straniera (Igiaba Scego, Gabriella Kuruvilla), ad una giovanissima (Ludovica Medaglia), così come ad una sceneggiatrice di successo approdata in seguito alla letteratura (Anna Pavignano). Una menzione speciale merita Paolo Di Paolo, che apre la rassegna: e non solo per il successo in Italia e all'estero, ma anche perché senza il suo appoggio questo progetto non sarebbe forse mai nato. Il dialogo con lui – iniziato alcuni anni fa in occasione di un suo reading qui a Friburgo – e i suoi preziosi consigli sono stati determinanti per motivarci nel nostro intento. Grazie, Paolo.

Introducendo un'antologia bilingue non possiamo non parlare del tema della traduzione. La scelta del titolo, *Spiegelungen / Vite allo specchio*, allude non solo al tema dell'identità che lega i dieci racconti, ma anche al "gioco di specchi" che abbina in un solo volume, in forma speculare, la raccolta in lingua italiana e la versione tedesca. Che quindi non è a latere della versione originale, come spesso accade, bensì si presenta come un'opera a se stante: fedele all'originale, ma senza quella corrispondenza 1:1 che si impone nel "testo a fronte" e che rischia di privilegiare la fedeltà della lettera a quella dello spirito.

Anche nella scelta delle traduttrici abbiamo optato per una pluralità di voci e di stili: Christiane Burkhardt, Ragni Maria Gschwend, Ruth Mader-Koltay e Stefanie Römer vi propongono quattro modi differenti di interpretare la riscrittura mediante la traduzione. Un grazie a tutte loro per la pazienza e la cura certosina con cui si sono dedicate a questi testi non facili. E un grazie particolare alla nostra editor, Irene Pacini, traduttrice formatasi alla dura scuola della transcreazione pubblicitaria, sempre disponibile a sostenere le traduttrici nella ricerca della soluzione più precisa – che non è sempre quella più letterale.

Se, quindi, la biculturalità del team si è rivelata un vantaggio indiscutibile, ancora più fondamentali sono stati l'idealismo e l'entusiasmo con cui tutti i suoi membri si sono impegnati per mesi interi nella realizzazione del progetto. Grazie a tutti, il piacere di lavorare insieme è stato il vero motore di questa iniziativa. A proposito, non ho ancora nominato Marco Bardazzi, che ha curato gli aspetti informatici e la comunicazione online, e il nostro *graphic designer* Michelangelo Mochi: ma rimedio subito, il loro contributo è stato a dir poco decisivo.

Concludiamo questa breve prefazione con un classico "buona lettura" e con un invito: seguiteci sul sito www.nonsoloverlag.de e informatevi sui nuovi progetti di *nonsolo Verlag*, che seguiranno tra poco.

Perché questo è solo l'inizio... È una promessa.

Alessandra Ballesi-Hansen
Fondatrice ed editrice di *nonsolo Verlag*

Paolo Di Paolo

Il porto dell'oblio

Dobrodošli. È bastata una parola. È bastato leggerla su un cartello – leggerla a Zara – per ricordare. Avevo studiato una lingua, vent'anni fa! Ma era come se l'avessi cancellata, rimossa. Dove erano andati a nascondersi i rudimenti di serbocroato – appresi nella stanzetta spoglia di un'associazione culturale a Ciampino? Dove erano finiti, in quale pozzo delle dimenticanze, *dobar dan, dobro veče,* buongiorno, buonasera, *molim vas,* per favore, grazie, prego, arrivederci? Sapevo leggere e dire frasi, sapevo chiedere "come stai?", e mi faceva ridere: *kako si?* "Dobrodošli, Dalibor." "Kako si, Dalibor?" Un saluto che si utilizza quando arriva qualcuno: *dobrodošli.* "Benvenuto". Così era stato scritto in serbocroato e in italiano, a grandi lettere rosse, su uno striscione. Era per lui, per loro: quando sono scesi dal pullman, in uno spiazzo vicino alla stazione. Un gruppo di ragazzini senza famiglia, o con famiglie spezzate, dimezzate dalla guerra.

Dalibor! Se è vero che il tempo scorre allo stesso modo per tutti, ora dovrebbe essere più o meno mio coetaneo. Ho assistito a un solo segmento della sua vita; lui allo stesso della mia – un'estate, un mese e mezzo dell'estate del 1995. Poi, più niente. Poi non l'ho cercato, non gli ho scritto, non ho chiesto sue notizie a nessuno. Al momento, non saprei nemmeno dire perché. Non riesco a determinare la ragione di una immediata indifferenza. Eppure, per quel mese e mezzo, si può dire che fossimo diventati amici, amici come lo diventano a dodici anni due maschi che, dal non essersi visti mai, passano a vedersi tutti i giorni, a condividere – da colazione a cena – il tempo vuoto delle vacanze da scuola; e anche la cameretta, la mia, e i vestiti, quando serviva.

Potrei cercarlo su Facebook, ma non mi va. Ricordo il suo cognome e, benissimo, il suo viso – un certo modo di stringere gli occhi e di piegare la testa, di lato, quasi a toccare con il mento la spalla destra.

Né l'ho cercato nei luoghi. Non avrei potuto – e non ero partito per quello. Ficcate in valigia magliette, mutande e un paio di libri, ho scoperto la Croazia come la scopre un turista balneare. Un treno che ferma a Rovigno, Rovinj, dove tutto pare una sghemba prosecuzione dell'Italia; e il cameriere istriano ti prende per il culo da subito. 'taliano? Bravo. Spostarsi in pullman a Pola – un piccolo albergo accanto all'arco romano ricorda il soggiorno di Joyce da queste parti: inizio Novecento, professore di inglese per ufficiali austro-ungarici. Da Pola a Zara in traghetto, partenza all'alba – avvolte in una foschia rosa, le cose non hanno ancora riguadagnato i contorni.

Riprendi a dormicchiare con la bocca impastata, apri gli occhi, chiudi di nuovo, apri ancora, c'è solo mare. L'Adriatico – che sta scritto all'inizio del breviario che ho portato con me.

Le pagine si sono gonfiate di acqua salata, e questo mi piace. *Breviario mediterraneo*, Predrag Matvejević. Usciva trent'anni fa esatti, ci ha insegnato a guardare in modo diverso il mare che diciamo nostro. So che non ci pensano i miei rilassati, distratti compagni di viaggio – il ragazzone che si allunga sui sedili, strappa via un lembo di stoffa poggiatesta, se lo piazza sugli occhi, la fidanzata gli si stende addosso, la testa fra le gambe di lui. Più assonnata che sensuale. "È difficile indovinare il vero colore del mare", leggo. "Ce ne sono tanti, vari, irraggiungibili. Lo definiscono solitamente azzurro, ma non lo è sempre."

Zara, Zadar, quando arriviamo, è un corridoio di luce bollente che corre lungo il porto. La temperatura sfiora i quaranta. Ti trascini dietro il trolley e ondeggi – un'ubriacatura solare che falsa le prospettive, e rende più lunga l'attesa: il proprietario dell'appartamento non arriva. Viene quasi da pensare male, la facciata dello stabile è malmessa, i vetri alle finestre, pieni di crepe, specchiano il palazzo di fronte in totale abbandono – erbacce e rampicanti si sono presi la stessa libertà che su un rudere. Il proprietario arriva, ciondola con il casco in mano e due bottigliette d'acqua fresca. Il bagno è piccolo, mette le mani avanti nel suo inglese spezzato, giocoso, ma fate conto di stare in barca. Nel cortile comune passa una donna vecchissima, trascinandosi in pantofole, praticamente piegata in due. Stende i panni con lentezza esasperante, poi sparisce. Ridiamo fintamente spaventati, poi facciamo l'amore con l'ansia che riappaia, o bussi ai vetri, o chissà.

Il *Breviario* me lo riporto al molo, riprendo da dove ho lasciato, e guarda caso dice – pagina 26, ho lasciato il segno poco prima – che i moli sono i più fedeli difensori dei porti. "I moli mostrano, fra l'altro, come il semplice deposito, il luogo dello scarico e del carico, gli attrezzi e gli altri servizi non costituiscono l'intero porto. Le bitte che vi si trovano, logorate dall'azione delle funi, sono testimoni degli avvenimenti portuali: degli arrivi e delle partenze, delle operazioni di attracco e di scioglimento." Mi tuffo, è il primo bagno. L'acqua sembra pulita, non lo è. Un chilometro più avanti, il suo movimento determina un suono curioso, un gorgoglio che diventa musica. Lo chiamano Organo marino, trentacinque canne che le onde fanno suonare notte e giorno. La folla aspetta il tramonto – uno dei più belli al mondo, c'è chi dice; i telefonini, in cima a braccia tese, catturano luce. Un ragazzo si inginocchia

e chiede a lei di sposarlo, le offre l'anello, si alza, si inginocchia di nuovo. C'è una tale confusione che in pochi ci fanno caso. Era da tanto che ci pensavo, dice in spagnolo. Dall'abbraccio pare che lei abbia accettato. A cena, quando leggo sui menù piantati all'ingresso la parola *dobrodošli*, all'improvviso mi ricordo.

Così mi porto dietro la pulce nell'orecchio, questa parola fino a Spalato, Split. Il *Breviario* offre un'immagine del vecchio porto e del palazzo di Diocleziano in una stampa del diciottesimo secolo. Sono alle pagine, bellissime, in cui Matvejević parla di nomi – i nomi del mare. Gli slavi del sud continuano a chiamarlo *more*, nome neutro. Incontrando i greci hanno sentito chiamarlo *thalassa*: "e in questo modo cominciarono a chiamare le onde, il mare quando è agitato." Come lo è oggi pomeriggio, scuote il traghetto che ci porta sull'isola di Hvar. Anche le isole cambiano nome, dice il mio breviario. L'autore si definisce "insulomane", è una malattia che la scienza medica non ha classificato, colpisce chi anela all'esistenza insulare, chi non resiste a questi piccoli mondi circondati dall'acqua. A Stari Grad, Hvar, accanto a giapponesi giovani che mangiano pesce fuori orario, ordino una rožata, una sorta di budino chiaro. Sfoglio ancora il *Breviario*, mi accorgo che l'autore è nato a Mostar, non ci avevo fatto caso. Madre croata, padre russo, anagrafe bosniaca. Scrive di mare anche se è nato lontano dal mare. Dopo la sua morte, nel febbraio scorso, il Ponte di Mostar l'hanno illuminato con una luce blu, un blu mediterraneo, mentre un trombettista suonava le note malinconiche di Delo Jusić.

La deviazione, a questo punto, è decisa. Affittiamo una macchina, una mattina dopo aver dormito poco e male. Un lunghissimo tratto di autostrada deserta. Due o tre controlli alla dogana. Un paesaggio collinare, di campagna – passano i pullman di pellegrini diretti a Medjugorje. La vacanza cambia volto in due ore, i turisti balneari parcheggiano all'asciutto sotto lo scheletro di un palazzo. Camminiamo per Mostar senza una direzione. Poi cerchiamo il Ponte, e sbagliamo strada. E Mostar è questa strana città di ruspe e cantieri che sembrano fermi. È la terrazza dell'Hotel Bristol con i tavolini tondi pronti per prendere un caffè affacciati sul niente, su quello che resta di un palazzo sventrato, una carcassa di mattoni. Una donna tossisce di fastidio quando fotografiamo macerie. Un'altra, invece, si sposta, sorride, lascia fare – come fosse un parco a tema, una Disneyland della storia di fine Novecento.

"Don't forget '93" dice un murale – ma, pure volendo, come si fa a dimenticarlo? Un piccolo cimitero accanto a una moschea è fitto di lapidi che hanno per data di morte tutte la stessa. 1993. I fratellini Alena e Smajo avrebbero la mia età. Sono morti quando ne avevano appena dieci.

Così, dal pozzo della dimenticanza, torna fuori Dalibor. Coetaneo loro e mio, sopravvissuto alla guerra di cui Mostar porta ancora i segni. Ogni volta che vedeva sul giornale o in televisione la faccia paffuta di Milošević, Dalibor faceva il gesto di imbracciare il fucile e sparare, e con la bocca il rumore di una mitragliata. Non sapevo, non capivo quasi niente di quella carneficina, erano nomi slavi e città sfasciate, facce annichilite di bambini nei campi profughi. Dalibor era venuto per passare l'estate con una famiglia italiana. La prima sera non diceva niente, si era chiuso subito in bagno, gli ho bussato per entrare, si stava facendo la doccia vestito. Perché l'ho dimenticato? Perché per così tanto tempo non avevo più pensato a lui? Il suo piccolo e magro corpo snodato, i salti sul letto, le cuscinate, la richiesta di sapere le parolacce in italiano. E io che gli mentivo. E io che a volte sentivo salire la gelosia di condividere con lui le attenzioni dei miei. Poi, me ne vergognavo.

Si può arrivare in un luogo senza cercare nessuno, per poi accorgersi che qualcuno lo stiamo cercando. Tra i campanili e i minareti di Mostar, tra le donne velate intorno al Ponte – uomini in costume si tuffano chiedendo soldi. Le bandiere dicono ancora "Mostar croata". Certi portafogli di stoffa hanno l'immagine del maresciallo Tito. L'acqua è verde smeraldo. Dai manifesti, donne seminude promettono qualcosa. Dalibor, su questo, dava l'impressione di sapere qualcosa in più – in più rispetto a me di sicuro: lo capivo dal modo malizioso come rideva.

Si può arrivare in un luogo senza sapere di cercare qualcuno. Vedo, seduto a un angolo di strada, un bambino che si muove a scatti e parla da solo, emette un suono strano, senza sosta, pa-pa-pa-pa. Non ho idea di dove sia Dalibor, forse nemmeno più in Bosnia. Che si ricordi o no di me, non voglio saperlo. Sarebbe triste la risposta? E d'altra parte, io l'avevo quasi dimenticato, insieme a quel poco di lingua appresa al solo scopo di parlargli. Non mi torna mezza parola, e penso che è strano ritrovare un lampo dei propri dodici anni a settecento chilometri da casa. Ho rifatto al contrario il suo viaggio – a vuoto, fuori tempo massimo, nel mio privilegio stupido di turista balneare finito fra le colline brulle di Mostar.

Lasciando Spalato, per mare, risento come nelle orecchie la voce scritta di

Matvejević – quando dice che l'età del molo si misura dallo stato delle bitte, o da quanto ne è rimasto. E poi quando dice che la città restituisce al porto un po' di quel che ne ha ricevuto, "per poter essere qualcosa di più di quanto sarebbe senza di esso." Funzionano così gli incontri della nostra vita? E tuttavia, anche un porto da carico, dice, può diventare il porto dell'oblio.

Simone Giorgi

Il momento esatto

Prima c'è stato l'arrivo dell'ambulanza, poi la telefonata alle pompe funebri e l'assalto dei parenti: ci hanno lasciati soli, Marina e me, soltanto alle ventitré e quindici. Soltanto su nostra insistenza. Non è stato facile, Marina è stata bravissima, ha finto di avere un po' di sonno; tutti si sono mostrati comprensivi, soddisfatti: dormire è quel che ci vuole. Come se bastasse dormire per dimenticare la scomparsa di un figlio.

L'ultima parente, una zia di Marina, si è attardata sul pianerottolo lasciando sfilare gli altri. Voleva dirmi qualcosa di rassicurante, ho pensato. No, da ex contadina, abituata a opporsi in modo pratico alla successione delle stagioni, a quel via vai di morti e rinascite che è un campo coltivato, al via vai di morti e rinascite di una famiglia povera e numerosa, voleva dirmi qualcosa che mi facesse prendere coscienza; mi vedeva, ci vedeva, troppo calmi, troppo lucidi, troppo assenti. Marina soprattutto. Io ho provato a piangere, ci sono riuscito nel pomeriggio, è stato un momento liberatorio, per gli altri: bene, piangi, bene piangi, bene piangi bene piangi bene piangi. Ti fa bene. Bene.

Marina non c'è riuscita. È sempre stata molto emotiva, tutta corporea. Le prime volte che ci ritrovavamo nudi uno a fianco dell'altra, quando fare l'amore sembrava una lotta contro l'idea stessa che un giorno la morte potesse entrare nelle nostre vite, la prendevo in giro: è inutile, tu non puoi mentire. Marina serrava i pugni, come se la stessi sminuendo: perché non potrei mentire? Perché il tuo corpo parla: sgrani gli occhi se una cosa ti piace, arricci il naso se sei contraria. Ti incurvi se un discorso ti sembra opprimente, protendi il petto in avanti se una proposta ti affascina. Quando un'idea ti rapisce, lasci la bocca aperta, mezza socchiusa, dieci millimetri tra un labbro e l'altro: li abbiamo misurati sulla tua foto, ricordi?

Ma quella sera, dal momento esatto in cui lui se ne è andato, ti sei fatta di vetro: avevo l'impressione, guardandoti, non di vedere dentro di te, come sempre, ma di vedere dietro di te. Ti guardavo, e vedevo la foto incorniciata con il tramonto e una donna hawaiana che lo ammira – regalo di tua madre, non ci piaceva, dovevamo lasciarlo lì comunque. Ti guardavo, e vedevo la faccia di mio padre che, alle tue spalle, tirava su gli occhiali e piangeva, piangeva come avremmo dovuto fare noi, poi apriva la bocca, la sinusite unita alla commozione gli impediva di respirare dal naso. Respirava a bocca aperta fino a che non gli si seccava la gola. Allora si alzava per bere, di scatto, orgoglioso che le sue gambe sessantacinquenni fossero ancora in grado di rispondere con prontezza. La prontezza, nel suo immaginario, lo escludeva dal novero

dei vecchi; i vecchi, per lui, sono quelli che devono frapporre il pensiero tra l'impulso e l'azione, quelli che non potrebbero alzarsi di scatto, quelli che per compiere ogni gesto devono scendere a patti col proprio corpo, pensare a come farlo ubbidire o, peggio ancora, arrendersi al corpo, lasciare che sia lui, con le sue limitazioni, a stabilire lo spazio del pensiero, a dire quali azioni si possono pensare, quali devono essere bandite una dopo l'altra. Quello scatto riportava mio padre alla sua incrollabile aderenza alla vita, alla sua capacità di essere tutto nel presente, di essere tutto in se stesso: di rinchiudere, nella sua dorata autarchia, la felicità nel cerchio magico del benessere fisico. Arrivato alla tavola della camera da pranzo si versava del succo, e cercava il mio sguardo, per rimproverarmi, per esprimere il suo fastidio; è una cosa che odia, vedere svilita la soddisfazione dei suoi bisogni primari per colpa dell'incuria: possibile ci siano solo bicchieri di plastica e non di vetro? Appena incrociava i miei occhi, ne seguiva la traccia fino a te. Ricordava perché eravamo lì. Stringeva un po' il bicchiere di plastica, beveva d'un fiato. Tornava al suo posto. Riprendeva a piangere.

Io ti guardavo, e vedevo le prime nuvole, che fecero la loro comparsa alle quindici e ventotto. Mentre diminuiva la luce nella stanza, avvertivo l'odore del lievito delle pizzette, l'odore di pomodoro, l'odore della salsedine che entrava portata dal vento. Neppure gli altri vedevano nulla, guardandoti. Li hai fatti preoccupare. Per questo tua zia, uscendo, mi ha voluto dire: stalle vicino, che oggi è un sogno, ma domani... Un sogno. Voleva dire un incubo? Come può essere un sogno? E dove ci risveglieremo? Lo ha ripetuto due volte, oggi è un sogno. Domani.

Poi ho chiuso la porta. In camera da letto, stesa sul fianco, le gambe allineate e intrecciate alla caviglia, fingevi di dormire. Guardandoti, ho visto solo quello che vedevo: una donna, mia moglie, i capelli color corvino riuniti in una coda, le tue labbra sottili, la fronte contratta, come se tu fossi concentrata su qualcosa, il seno grande che sussultava per colpa di un respiro sincopato, per nulla simile a quello di chi riposa – quel respiro, e la fronte aggrottata, mi hanno fatto pensare a un inseguimento. Stavi inseguendo qualcosa, Marina? Lo stavi inseguendo? Dove, dove potremmo seguirlo?

Appena mi sono seduto sul letto, appena hai capito che eravamo rimasti soli, hai riaperto gli occhi. Non hai voluto mangiare niente. Sono stato disteso accanto a te quattro ore e diciotto minuti. Avevo fame, avevo voglia di mangiare. Uno psicologo direbbe che quel mio desiderio di cibo è facilmente inquadrabile, volevo colmare il vuoto. Ancora non c'era nessun vuoto da colmare.

Ancora era un sogno. Marina mi ha parlato di lavoro, doveva chiamare in segreteria per i giorni di permesso. Non ha aggiunto altro, ha fatto un gesto con le mani, come di un bambino che smonta un gioco. I bambini, questo voleva dirmi: come potrò ora ritrovarmi in mezzo ai bambini? Marina è una maestra. I suoi piccoli allievi la adorano. Ride molto, li ascolta, gioca con loro rotolandosi a terra come se fosse molto più giovane dei suoi 41 anni (è così, giocando, che smaglia una dopo l'altra le sue calze), racconta fiabe per farli addormentare, ma non accondiscende a nessun capriccio, non li vizia, non li spaventa con un eccesso di libertà: i bambini, mi dice spesso, la scambiano per abbandono.

Marina mi guardava: e ora?

Poi si è addormentata di colpo. Non ha sognato, quando sogna si muove nel sonno. Avevo fame, e sono andato in camera da pranzo. Ho radunato sulla tavola tutti gli avanzi, ho svuotato il frigo e la credenza. Ho gettato uno sguardo all'orologio: le quattro e quarantotto. Io sono un intellettuale, anche se al lavoro e con gli amici non lo do a vedere. Ho sempre letto molto. A diciotto anni, quando sono andato via di casa, non ho potuto portare con me tutti i miei libri: erano già troppi. Anche i testi teatrali mi piacciono molto. Più ancora che andare a teatro. L'anno prima che Marina restasse incinta facevamo un gioco. Lei, che amava uscire, andava a vedere una pièce; io restavo a casa, a leggerla. Al suo rientro ci scambiavamo pareri e impressioni. Poi facevamo l'amore, non più come dovessimo salvarci l'un l'altra la vita, ma con dedizione. Una sera al centro del nostro gioco teatrale c'è stato *Psicosi delle quattro e quarantotto*, di Sarah Kane. Quella volta, al rientro di Marina dal teatro, non abbiamo fatto l'amore. Eravamo entrambi scossi dalle pagine lette (io) e viste (lei). Abbiamo fatto delle ricerche su Sarah Kane. Ha intitolato il suo testo *Psicosi delle quattro e quarantotto* perché, secondo alcune statistiche, quello è l'orario preferito dai suicidi. Io non ho pensato al suicidio. Ho iniziato a mangiare, e più mangiavo più sentivo che il cibo a mia disposizione non era abbastanza.

Dopo esserci lasciati, un giorno io e Marina ci siamo incontrati per caso in un negozio di abbigliamento per taglie forti. Erano passati quasi dieci anni, e io avevo appena superato i 150 chili. Il mio corpo è diventato il mio compagno: ogni momento, col suo peso che per i medici è una seria minaccia alla mia salute e persino alla mia vita, mi ricorda che esiste, mi chiede assistenza, mi limita, mi protegge.

Ero entrato in quel negozio per taglie forti alla ricerca di una camicia che mi andasse bene, ma avevo lasciato stare presto, la camicia era troppo stretta, e avevo il fiatone: mi stanco facilmente, per un uomo della mia stazza è normale. Stavo provando un cappello, e mi guardavo allo specchio. Dagli altoparlanti del negozio usciva una musica orribile, altissima. Lo specchio che avevo davanti era grande, buono per due persone: io lo riempivo per intero. Poi sopra la mia spalla sinistra è comparsa la testa di Marina, è sempre stata più alta di me.

Mi sono fatto un po' da parte, e lei si è messa al mio fianco. Non siamo riusciti a guardarci negli occhi, non direttamente: ci siamo guardati attraverso lo specchio. Perché era entrata in quel negozio? Per la speranza di incontrarmi? Lo faceva spesso, entrare nei posti dove avrei potuto esserci io? Un tempo eravamo tutto l'uno per l'altra. Un tempo non avevamo segreti. Un tempo eravamo un padre e una madre, un marito e una moglie. E ora?

Ho guardato la sua immagine riflessa: non tinge più i capelli, ha rughe profonde, il seno troppo grande, un taglio sul collo, forse una cicatrice, forse un intervento chirurgico. Mi ha guardato attraverso lo specchio, ha cercato di ritrovare i miei lineamenti di un tempo dietro quel viso gonfio, tozzo. Ho visto la sua immagine riflessa che mi sorrideva: senza malizia, senza scherno. Lei ha visto la mia immagine sorridere: l'ho vista anche io, e non accadeva da tempo.

Gabriella Kuruvilla

La mezza misura

Sono le cinque del mattino. Ora in cui, se sei un mistico o un asceta, ti svegli e guardi l'alba. Fai anche dei saluti e degli inchini e dei ringraziamenti, all'alba: cioè, alla nascita del nuovo giorno. Lo so perché lo fa mamma, che però secondo me non è né mistica né asceta, anche se finge di esserlo: in realtà, più che altro, è solo insonne. Una psicologa insonne: cosa che mi pare anche un ossimoro.

Così lei si sveglia alle cinque del mattino (sempre che nel frattempo sia riuscita a dormire) e, mentre saluta-s'inchina-ringrazia, guarda l'alba: con gli occhiali da sole, però. Perché lei dice che tutto va smorzato. Anzi, in realtà, lei dice che ci vuole la "mezza misura" in tutto. Secondo me lo dice perché, quando lo dice in pubblico, il pubblico la applaude. Quindi lo dice anche in privato, cioè a me: sua figlia. Sperando forse che anch'io la applauda. Beh, che se lo scordi.

Per me la mezza misura equivale al "né carne né pesce" e al "né di qua né di là": è l'incompiutezza e l'indecisione. Ma anche l'ignavia. Altro che "punto d'equilibrio", come dice mia madre: sempre tra gli applausi, ovviamente. Non i miei, ribadisco. Che per me il punto di equilibro è il funambolo su una corda, con un piede appoggiato davanti all'altro, a mille metri di altezza: roba da vertigini, a rischio crollo (e quindi morte). No, grazie: preferisco vivere.

Io sono più per il "tutto o niente". Invece, per colpa di mia mamma, da quando sono nata – dunque ormai da sedici anni – mi tocca vivere questa mezza misura continua. Tipo che lei mi prepara da mangiare e da bere sempre mezza porzione, di qualsiasi cibo o bevanda: curry, latte, spaghetti o chai, non importa. Sempre mezza porzione è: sempre per la storia della mezza misura, ovviamente. Il risultato è che a me danno dell'androgina: "denutrita", o "mezza nutrita", sarebbe la definizione esatta.

E immagino sia sempre per la storia della mezza misura che mi ha concepita con un indiano: così che io non sono né tutta italiana né tutta indiana, ma metà italiana e metà indiana. E nemmeno bianca o marrone, ma una cosa tipo beige: che è giusto una via di mezzo, un colore smorzato sicuramente. In più, non sono né alta né bassa, né bella né brutta, né intelligente né stupida, ma neppure né femmina né maschio: mi sa che quest'ultima affermazione devo spiegarla meglio, però. Perché io in realtà sono una ragazza (ho pure le mestruazioni), ma alcune persone mi scambiano per un ragazzo: in questo caso, però, la definizione giusta sarebbe "androgina".

C'è da dire che io ci metto del mio, per accentuare questa sorta di confusione di genere: che tagliarsi i capelli corti, non mettersi un filo di trucco,

vestirsi come un cantante hip hop sono tutte cose che non esaltano la mia femminilità, sicuramente. La voce rauca, da tabagista, deve risultare la ciliegina sulla torta: o la conferma finale, per chi fosse in dubbio. E comunque il dubbio lo fanno venire anche a me, a volte.

Così che ultimamente mi guardo continuamente allo specchio: per darmi delle certezze, immagino. Dovrebbero dirlo, che invece lo specchio è un amplificatore di dubbi. E poi ti tocca anche dare delle motivazioni, se ti guardi continuamente allo specchio. Perché magari la gente se ne accorge, che lo fai. Mamma, per esempio, se ne è accorta.

"Come mai ti guardi continuamente allo specchio?", mi ha chiesto.

"Mi hanno detto che devo riguardarmi", le ho risposto (mentendo).

"Ma tu lo sai cos'è una metafora?", mi ha domandato.

"Un'altra di quelle cose che stanno in mezzo, sospetto."

E così il nostro battibecco sul guardarsi continuamente allo specchio, e pure sulla metafora, si è chiuso.

Il problema però è che mi capitano esperienze confondenti e pure sconfortanti, che non aiutano nemmeno il dialogo. Tipo, l'altro giorno: ero in una sala d'attesa, poi finalmente è arrivato il mio turno (anche perché se ne erano andati tutti gli altri, nel frattempo).

Due impiegate sono uscite dall'ufficio, e una ha detto all'altra, guardandomi: "Tocca a lui, adesso."

"Lui: io?", ho chiesto.

"Sì: lei", mi ha risposto.

"Ah: lei, non lui", ho commentato.

E quella mi ha osservata, stranita. E io ho pensato che, basta: mi faccio crescere i capelli, inizio a truccarmi e pure pesantemente, mi metto minigonne, push-up e tacchi a spillo e, se riesco, sculetto anche. Il primo che mi dà della trans, però, lo ammazzo. Avrei le attenuanti, penso.

Comunque adesso sono le cinque del mattino. Non è più notte e non è ancora giorno: mia madre dovrebbe essere fiera di me, che sto vivendo anche questo "punto di equilibrio". Però io sto per crollare: dal sonno. E non guardo l'alba ma mi guardo intorno. È un vero casino, qui intorno. Bottiglie vuote e bicchieri sporchi. Ovunque. Non mi ero nemmeno accorta che ci fossero così tante bottiglie e così tanti bicchieri, in questa casa, ieri sera. Ieri sera però mi sembrava tutto bello e tutto a posto. Perfetto. Le luci soffuse, la musica alta e gli amici. E, soprattutto, lei: Maya. Beh, lei è sempre perfetta. Cazzo se è perfetta.

Io non sarò mai così perfetta. Anche perché io sono la mezza misura in persona, ovviamente. O mediocre, come mi è venuto da pensare un giorno. Vabbè. L'ho fatta per lei, questa ennesima festa. Non so nemmeno più quante feste ho fatto, per lei. Solo che adesso mi guardo intorno ed è un vero casino, qui intorno. Un caos che mi mette l'ansia, e anche lo sconforto. E che non piace a me, ma nemmeno a mamma: che dice, sempre tra gli applausi, che l'ordine e la pulizia esteriori corrispondono all'ordine e alla pulizia interiori (e viceversa). E che, soprattutto, tornerà dal convegno questo pomeriggio.

Mamma nei fine settimana è sempre in giro per convegni. E anche questo è bello e a posto. Perché io posso fare le feste, mentre lei è in giro a raccontare dell'India quello che gli altri vogliono sentirsi dire dell'India, mica quello che lei realmente pensa dell'India (se lo facesse probabilmente non la inviterebbero più, o non la inviterebbero così spesso).

Una volta mi ci ha anche trascinata, a uno di questi convegni. Stavo tra il pubblico, ma ero l'unica persona del pubblico che non la applaudiva. La ascoltavo sconcertata, più che altro. Ma un po' mi veniva anche da ridere. Non che mamma fosse comica, assolutamente: era solo assurda. E l'assurdo è spesso comico.

Siamo arrivate che lei era in canottiera, jeans e tacchi. Solo che – prima di salire sul palco, sedersi dietro a una scrivania e impugnare un microfono – è andata a cambiarsi: è ricomparsa fasciata nel sari del matrimonio, con i piedi nudi infilati dentro dei sandali (si era anche legata i capelli in una treccia e si era pure dipinta il bindi in mezzo alle sopracciglia).

"Bel costume", ho pensato. "Peccato non sia carnevale."

Poi però è iniziato il peggio, o il meglio (dipende dai punti di vista): molto l'ho rimosso. La mia memoria deve avere un reparto cestino, dotato di funzione autoelimina. Lì devono essere finite anche molte delle parole pronunciate da mamma quel giorno: un insieme di bugie, dette da una paladina della verità a tutti i costi. Il clou l'ha raggiunto quando ha definito l'India come la culla della spiritualità: "Non ho mai conosciuto persone così materialiste come gli indiani!", urla ogni volta che interagisce con papà, o con i suoi familiari. Sarà che queste interazioni sono, più che altro, degli scambi di denaro: che loro le chiedono e che lei gli dà, perché temo non abbia mai smesso di amare papà (mentre i suoi familiari non li ha mai sopportati – corrisposta, mi sembra – ma secondo me cerca di tenerseli buoni per quel fatto che temo non abbia mai smesso di amare papà).

Una volta hanno fatto, anche a me, delle domande sull'India. Io ho detto

cosa pensavo, e non mi hanno mai più fatto domande sull'India.

"Cosa pensi delle persone che vanno in India, a cercare se stesse?", mi hanno chiesto.

"Credo che in India lo vendano, il *te stesso*", ho risposto.

Fine del mio intervento.

Adesso, però, mi devo occupare del qui intorno: non c'è più niente di bello e di a posto, qui intorno. Le luci sono accecanti, la musica è finita e gli amici se ne sono andati. Anche Maya se ne è andata. Portandosi dietro la sua perfezione. No, beh, a dire il vero si è portata dietro anche Pietro: che non è né bello, né a posto né, tanto meno, perfetto. È un vero idiota, quello. Privo di senso dell'umorismo, per altro. Anzi: privo di senso, punto. È uno che, quando lei una sera gli ha scritto "Facciamo un gioco?", le ha risposto "Sto guardando un film." E allora lei, dopo un po', gli ha scritto "Sì, ma non ti interessa sapere che gioco?", e lui, sempre dopo un po', le ha risposto "Sto guardando un film." E allora lei, dopo un altro po', gli ha scritto "Vabbè: il gioco è che tu ti tocchi pensando a me (e non a un'altra)", e lui, ancora dopo un po', le ha risposto "Sto guardando un film." Lei poi, quando mi ha raccontato questo scambio di messaggi, mi ha chiesto: "Ma, secondo te, stava guardando veramente un film?" In quel preciso momento ho pensato che forse erano fatti l'una per l'altro. E che io non dovevo neanche pensarci, a intromettermi tra di loro. E che, magari, lui ha un futuro da cinefilo (o da disco rotto). E che lei, sicuramente, ha un futuro in una hot line. O comunque, nell'apprendistato, sta andando benissimo.

Io però, se lei mi avesse scritto un messaggio come quello, probabilmente avrei smesso di guardarlo, il film. Ma quello che sto guardando adesso non è un film, e se lo fosse sarebbe un horror. Devo cambiare canale, subito. E non importa se sto crollando dal sonno: casa va riordinata e ripulita, prima che torni mamma.

È mezzogiorno: un'altra via di mezzo. Olè! Intorno a me però, adesso, è tutto bello e tutto a posto. A parte me. Vado finalmente a letto. Dormo. Mi sveglio che non è più sera e non è ancora notte: direi che il mondo può finirla, almeno per oggi, di regalarmi questi "punti di equilibrio". Il sole sta tramontando. Mi alzo e raggiungo la cucina: ho bisogno di bermi una serie di caffè, uno non mi basta. Mi fermo sulla soglia della stanza: non può essere vero, quello che sto vedendo. Guardo meglio. Mamma è tra il tavolo e i fornelli. E fin qui tutto bene. Il problema però è che sta baciando una cosa piena

di piercing con i capelli azzurri, una canottiera attillata verde, degli shorts inguinali rosa e delle scarpe arancioni con la zeppa. È tutto senza mezza misura, direi: sia la cosa, sia il bacio. E pure gli accostamenti cromatici, della cosa che mamma sta baciando.

Sto per fare dietrofront quando la cosa che mamma sta baciando esclama, con una vocina stridula: "Uh, ma lui è tuo figlio: ma come è bello! Non mi avevi detto che avevi anche un figlio, ma solo una figlia: chissà anche lei, come è bella!"

C'è questa reazione, che provoca il disagio: o ti rende logorroica o ti ammutolisce.

La cosa è diventata logorroica (a meno che non lo sia sempre), io mi sono ammutolita. E anche mamma.

Mi avvicino alla cosa, le allungo una mano e le dico: "Piacere, Patmini."

"Uh, che nome originale: è uguale a quello di una marca di incensi!", esclama la cosa, sempre con la sua vocina stridula: non ne deve avere altre, purtroppo.

"Vabbè, io torno in camera mia", dico. E lo faccio.

"Senza il negativo non c'è il positivo", dice mamma.

Per una volta mi viene da darle ragione: il fatto che stesse baciando la cosa può voler dire che ha smesso di amare papà. Dunque, noi avremo molti più soldi: così magari potrò comprarmi quella Harley-Davidson che mi piace tanto. E, con lei, potrò scappare da mamma (ed eventualmente anche dalla cosa) ogni volta che ne sentirò il bisogno: spesso, temo.

Sgasando al massimo: che con la mezza misura non si scappa, né velocemente né lontano.

L'orsa

Gaia Manzini

Avevo otto anni e mia madre mi portò ai provini per la pubblicità di un cioccolato in polvere. Camminava spedita lungo il marciapiede, scherzando tutto il tempo, come se quell'iniziativa andasse sdrammatizzata. Era qualcosa che facevamo tanto per divertirci, per dire di averla fatta. Tutto qui.

Mentre aspettavamo in fila il nostro turno, avevo sentito la sua mano sudare a contatto con la mia, ma non avevo detto niente. Poco prima che toccasse a noi, la ragazza bionda che aveva organizzato il casting ci raggiunse in corridoio e ci disse che erano molto soddisfatti della bambina "bianca" che avevano appena scelto. Tutte le altre quindi potevano andare a casa. La produzione si sarebbe concentrata sulla ricerca della bambina orientale e di quella di colore.

Feci un respiro di sollievo e tirai la mano della mamma: era ora di tornare a casa. Lei mi guardò con gli occhi sgranati, la mano che stringeva la mia, mandando strani segnali. Non se ne sarebbe andata per nessun motivo al mondo.

Mia madre e io arrivammo davanti a cinque persone sedute dietro a un tavolo bianco. Ci scrutarono perplessi. Una volta, ai giardinetti, una donna si era avvicinata a mia madre per chiederle se ero adottata. La mia pelle è sempre stata scurissima, scuri gli occhi, neri i capelli, nerissime le sopracciglia, grandi le labbra color ciliegia. La ragazza bionda del casting disse i nostri nomi ad alta voce. Sì, eravamo proprio noi. "Quindi?", fece subito dopo imbarazzata. "Suo padre è di colore", concluse mia madre per far capire che non c'era stato un errore: eravamo lì per il casting giusto.

La guardai con la bocca aperta, la nausea che mi stringeva la gola. Mi divincolai con uno strappo dalla sua stretta e scappai. Corsi a perdifiato, sperando che nessuno mi vedesse, fino a trovare l'uscita che dava sulla strada.

Mia madre era arrivata a mentire così spudoratamente su di noi, su di me, spinta da un desiderio tanto smisurato che mi veniva da piangere. Non ero arrabbiata, provavo compassione per lei, come per qualcuno che non aveva imparato quello che c'era da sapere sulla vita. Qualcuno che arrancava, pur simulando una sofisticata disinvoltura.

"Un orso?" La donna di mezza età guarda sorpresa l'uomo alto che si è avvicinato al suo tavolo. Il ristorante dell'albergo è mezzo vuoto: giugno non è mai stato alta stagione per queste località di montagna. Ci sono venuta per scappare dal caldo di Roma, e per scappare da mia madre.

"Se c'è un orso non si possono fare escursioni, è escluso." La donna si è alzata.

Indossa scarponcini da montagna. L'ho già vista ieri mattina, è in vacanza con il figlio più grande. L'uomo che ha portato la notizia invece lavora in albergo, deve essere una specie di guida. Scuoto la testa, ma figuriamoci se c'è un orso. "Da quant'è che non se ne vedeva uno?", chiedo posando la forchetta.

"Da dieci anni. Ma questo non è un orso normale. È un'orsa, una femmina che ha appena partorito. Una madre. È affamata e molto aggressiva... pare che abbia già ucciso un cane." La guida scosta una sedia, si siede al mio tavolo. Mi guarda preoccupato come se la cosa mi riguardasse da vicino.

Mia madre è morta da due giorni. Ho ricevuto una telefonata dalla donna che a Milano si occupava di lei ormai da tre anni. C'è un notaio che mi aspetta, pare. La mia famiglia è estinta e ci sono cose, oggetti, valori che mi appartengono. Ma io appartengo a loro?

Mia madre è morta e la prima cosa che ho fatto è stato preparare le valigie. In Abruzzo mia madre non ci sarebbe mai venuta. Qui non mi può trovare nessuno. Neanche lei.

"A me piacerebbe andare lo stesso." L'uomo mi guarda. "La passeggiata, intendo."

Non è una sfida, semplicemente non credo che ci sia pericolo, le possibilità di incontrare un animale selvatico sono minime. E poi ho bisogno di camminare. Camminare è pensare, modificare il mio paesaggio interiore. Una volta ho intervistato un camminatore per la rivista su cui scrivo. La consapevolezza del passo, l'*andanza*, usava parole così. La consapevolezza di se stessi. Mi sono rimaste in testa come una promessa. Perché io non so niente di me, mi sembra di procedere incerta di tutto, come qualcuno che non conosce ancoraggio, un pezzo di legno in mezzo al mare. Incapace di costruire, di dare una forma all'esistenza. Sono le cose che mi diceva lei.

L'uomo si rigira tra le mani un portachiavi. Se mi va, potremmo fissare per domani alle otto. Dice che prima deve informarsi sugli avvistamenti dell'orsa e comunque ci terremo lontani dai percorsi troppo isolati.

Il sentiero si addentra in una valle attraversata da un fiume ancora giovane. Per salire bisogna arrampicarsi su una delle vie laterali, attraverso il bosco. La guida mi ha appena detto che vuole prendere la strada della cascata e io ho annuito, senza avere la più pallida idea di dove mi stia portando. Ho notato che qui i sentieri non sono segnati, eppure l'uomo va spedito, con passo sicuro. Si chiama Giovanni.

"Dell'orso non ci sono notizie?", chiedo dopo un po'.

"L'orsa... È una femmina."

"Già."

"No, nessun altro avvistamento. Però sono d'accordo: le possibilità di vederla sono minime, soprattutto vicino ai sentieri battuti."

"Ieri in hotel mi è sembrato allarmato."

"No, si sbaglia. Vede, le leggende bisogna coltivarle..."

"In che senso?"

"La gente vuole che l'orso ci sia, vuole poterlo raccontare. E se lo racconta, fa bene al turismo."

"Capisco... Immagino che per voi sia fondamentale."

L'uomo ride, scuote la testa. "La guida la faccio solo nel tempo libero. Io sono un veterinario, per anni ho lavorato insieme alla guardia forestale. Curavo gli animali di questi boschi. Cervi feriti, falchi malati, cinghiali..."

"Orsi?"

"No, orsi mai."

"Quindi lei conosce bene gli animali?"

"Direi di sì."

"Anche mia madre... Anche mia madre conosceva bene gli animali." Mi esce così, senza un motivo preciso. Vorrei dire che a me gli animali non m'interessano granché, amo i libri e gli unici animali che conosco sono quelli di Jack London, di Faulkner, di Melville. Animali fatti di carta e d'inchiostro. Ma dal mio abbigliamento è evidente che sono una donna di città. È evidente dai miei mocassini che sono venuta qui con quello che avevo indosso. Come una che scappa da una calamità naturale.

La volta che tornò dalla clinica, io avevo undici anni.

Mia madre non mi parlò per un mese. Dicevano che era sotto choc per l'intervento: le avevano asportato l'utero. Non passarono neanche sei mesi e nei suoi racconti il periodo della degenza prese a coincidere con un'avventura eccezionale.

Una mattina, mia madre si era svegliata e aveva guardato verso il giardino. Nel grande piazzale che stava davanti alla clinica c'erano decine e decine di cavalli bianchi che galoppavano, o almeno così raccontava. I loro crini candidi erano onde spumeggianti sotto il sole. Un'infermiera le aveva detto che stavano girando un film: un regista francese, o tedesco, adesso non ricordava. La segretaria di produzione aveva visto mia madre nei corridoi, le

aveva fatto chiedere se voleva fare la comparsa in una scena. La scena dei cavalli. Ma lei aveva detto di no. Era un fatto che negli anni continuava a raccontare aggiungendo particolari, tanto che io e mio padre avevamo finito per crederci, anzi ci sentivamo in colpa per aver dubitato di lei. I cavalli! Ai cavalli bisognava sussurrare delle frasi dolci all'orecchio; per spronarli bisognava colpirli bene sotto il costato; nei casi di emergenza, bisognava infilargli un dito in bocca e tirare il labbro con tutte le forze: era l'unico modo per fermarli. Oltre che dei cavalli amava parlare delle farfalle. Sapeva di piacere alle farfalle, soprattutto alle Erebie e alle Vanesse. Amavano il suo odore: una volta si era addormentata su un prato e si era svegliata con le mani ricoperte di farfalle che sbattevano lentamente le loro ali arancioni.

Nessuno sapeva da dove arrivasse la sua conoscenza in fatto di animali. Io e mio padre non dicevamo niente. Qualsiasi cosa sarebbe suonata come un commento malevolo nei confronti di qualcuno che non potevamo dire di conoscere.

Una nuvola passa sopra di noi e per un attimo il cielo si oscura. Mi viene freddo e mi infilo la giacca a vento. "Ha detto che arriveremo a un lago, vero?" I mocassini mi fanno male, ma non ho il coraggio di dire niente. La guida non ha fatto alcun commento sul mio abbigliamento.

"Sì, è la migliore ricompensa per una camminata di tre ore." Tre ore.

Il sentiero costeggia una roccia grigia, tutta cosparsa di piccoli bozzi di muschio verde smeraldo. "Qual è l'animale più strano che ha curato?"

Giovanni procede senza voltarsi. Poi si ferma: "Un geco!", dice. Mi metto a ridere.

"Mia madre diceva che portano fortuna..."

"In realtà non l'ho curato. Si era paralizzato per la paura e l'ho raccolto. È bastata la pressione delle mie dita che quello è saltato su ed è scappato."

Mi piace Giovanni, dice le cose con ironia. Ha una bella faccia larga, una faccia accogliente, sempre illuminata.

"Deve essere un po' che da qui non passa nessuno", dico guardando il sentiero mezzo infrascato. Lui annuisce senza commentare.

Decidiamo di fermarci su un prato, alla fine di una salita. Da lì si gode una vista meravigliosa sull'altipiano delle Rocche. Le praterie, i boschi. Le case accavallate l'una sull'altra, da lontano, sembrano piccole scatole. Non ci sono mai venuta, è la prima volta. Mi piace la ruvidezza lunare di alcuni tratti di paesaggio, il fatto che al turista non sia concesso nulla.

Pochi negozi, quasi nessun centro informazioni. Mi piace perché ogni luogo chiuso chiede di essere conquistato. Mi piace e mi spaventa.

"Il tempo sta cambiando." Giovanni ha l'aria preoccupata.

"Non ha guardato le previsioni?"

"Certo, ma a volte succede che il tempo cambi all'improvviso. È la montagna. E comunque lungo queste pareti di roccia ci si può riparare, ci sono delle grotte."

"La caverna dell'orso!", mi metto a ridere.

Mi guarda, poi d'un tratto passa al tu, come se non avesse aspettato altro.

"Perché metti il cappello al contrario?" Osserva il cappello che ho in testa.

"Mi piace di più così, il davanti per il dietro", rispondo e appoggio una mano alla sommità. "Se alzo la testa non cade, rimane sempre qui a ripararla... il davanti per il dietro. Mi sembra che poter mettere le cose al contrario le faccia più grandi di quelle che sono, che ci siano più possibilità. Di solito non va così. Con le persone spesso c'è solo una direzione."

"Se per questo anche con gli animali."

"Già."

"Vuoi continuare?"

Annuisco. "Mia madre è morta." Mi esce in un sussurro. Ma lui si gira, e mi allunga una mano per salire ancora.

Non posso ereditare niente da lei. Non ho mai saputo chi fosse.

L'istinto è quello che mia madre aveva messo a tacere, per fare una vita diversa da quella che le sarebbe toccata. Aveva calcolato tutto, inventato tutto. Mentiva sempre. Mentiva con gli occhi tristi degli animali in gabbia.

"Sei la nipote di una scrittrice, mi diceva", non so neanche perché lo sto raccontando a Giovanni. "È per questo che ti piace scrivere, diceva. Ha il tuo stesso cognome." La scrittrice si chiamava Gianna. Me lo raccontava sempre, ogni volta che tornavo da scuola con un buon voto in italiano. Me lo lasciai sfuggire con il professore di lettere. Mi chiese se potevo telefonare alla zia e invitarla a scuola per un incontro con gli studenti. Gli dissi di sì, che sarebbe stato bellissimo. Tornai a casa trepidante. La zia andava chiamata subito. Io non l'avevo mai vista, non la conoscevo neanche, ma mia madre sicuramente sì, anche se non gliel'avevo mai chiesto. Mi evitò per giorni. Sfuggiva, diceva di essere molto occupata, in quel momento non poteva telefonare a nessuno. Qualche mattina dopo, il professore d'italiano mi prese da parte. La scrittrice che si chiamava Gianna era morta da anni, lui avrebbe dovuto

saperlo, e si scusava per quell'errore; si meravigliava però che io avessi fatto finta di niente. Andai dritta da mio padre. Mi sentivo ingannata. Gli chiesi perché lui non avesse detto nulla. Ormai sapevo che quella di mia madre era una bugia: avevo avuto la conferma da mia nonna. Ma al mio tono perentorio, mio padre rispose scuotendo la testa: la zia era davvero morta da anni, non c'era niente da scherzare, era morta di un male atroce e lui non voleva parlarne.

Giovanni mi ascolta continuando a camminare, non dice niente, mi fa solo cenno che dobbiamo prepararci. Si sentono le prime gocce, presto verrà un temporale.

Era quella la malattia che mia madre aveva trasmesso a tutta la famiglia. Papà l'amava come si ama la scia di un profumo che non si riesce a trattenere nelle narici. La seguiva, la imitava, diventava acqua e prendeva la forma che lei gli offriva ogni volta. Assecondava le sue invenzioni, facendomi sentire ai margini di un mondo solo loro. Mentiva anche lui. E allora era vero che noi avevamo un Velázquez in salotto (una copia a olio, eseguita per altro in modo maldestro), che loro erano stati a sciare in Libano guardando il mare dalla cima della montagna. Era vero che avevano conosciuto Kennedy a Capri.

"Ti devi coprire." Giovanni mi passa un paio di calzerotti di lana che ha portato nello zaino. "Ti devi coprire, l'umido va contrastato."

"Ma l'orsa esiste o è tutta un'invenzione?", gli chiedo. Tira su le spalle. Non lo sa per certo. Non ho mai parlato con nessuno di mia madre, questa è la prima volta. Non so niente di Giovanni. So solo che mi sta prendendo la mano, che mi tira a sé, che preme il suo corpo contro il mio. Mi sta baciando. Ma chi sta baciando?

Quando in ospedale, ormai anziana, mia madre mi aveva detto che ero la sua farfalla, che mi amava ed ero stata l'unico grande amore della sua vita, non ero più in grado di crederle. Se non so chi è stata mia madre, forse non so neanche chi sono io. Chi stai baciando, Giovanni? Chi di preciso?

Con la faccia bagnata dalla pioggia dico che voglio continuare.

Sul mio viso la commozione si confonde con l'umidità, ma forse la commozione non è che acqua da dare ai giorni, aspettando che fioriscano. "Sei sicura? Non è il massimo continuare con questo tempo." Gli dico di sì. "Voglio arrivare al lago." Voglio sentirmi lontana da tutto. Perché io l'istinto ce l'ho: so cos'è giusto fare, lo sento. Io l'istinto non l'ho soffocato come ha fatto lei. Da ragazza sentivo mia madre che in cucina cantava *Bocca di rosa*,

con un tono così triste che non sono mai più riuscita a cantare quella canzone. Pensavo: ora lascia mio padre, ma non lo fece mai, non seguì il suo istinto segreto. Lui è morto prima.

"Quando ero piccola, mia madre mi portava sempre in montagna. Appena vedeva una farfalla appoggiata a un fiore, le si avvicinava in punta di piedi. Allungava il dito in un tempo che mi sembrava interminabile."

"In ognuno di noi c'è una parte che è in armonia con il mondo. Quando tutto finisce torniamo là da dove siamo venuti."

"Cos'è, una specie di fede?"

"No, un modo di vedere le cose."

"Le piaceva stare da sola: era l'unico tratto selvatico che avesse mantenuto."

"Gli animali solitari quando sono con altri si comportano in modo bizzarro", dice Giovanni ridendo. E allora rido anch'io. Una risata irrefrenabile che non riesco a trattenere. La risata mi riempie tutta, ogni angolo vuoto, ogni mancanza. Mi sento meglio.

Gli aneddoti di mia madre sugli animali erano i soli che trovassi plausibili. Quando parlava delle lucertole acchiappate con le dita, dei pesci pescati con il fazzoletto, del toro da monta liberato nella campagna, mia madre tornava bambina. Mi sembrava che gli occhi si sciogliessero in un prima che non conosceva nessuno, senza bugie. Non c'era insetto che le facesse orrore, non c'era uccello di cui non conoscesse le abitudini. Parlava del trogone, parlava del gufo reale. C'era qualcosa di selvatico in lei quando si riferiva agli animali, qualcosa che stonava con la sua affettazione, con le arie da donna di mondo. Era come se si ritrovasse. Sapevo che aveva vissuto sfollata in campagna, che qualcuno da ragazzina la chiamava Cicci, alludendo forse al fatto che era paffuta e sgraziata, cosa che ai miei occhi sembrava impossibile. Ma erano tutti fatti scollegati che non trovavano collocazione in un racconto coerente. Il passato, quello vero, era qualcosa da nascondere come una macchia sul bavero della giacca. Ho sempre saputo che, prima o poi, avremmo dovuto ritrovarci. Ma ormai forse è troppo tardi.

Per arrivare al lago si deve attraversare un bosco. Anche se indosso i mocassini, anche se le dita mi fanno male, andiamo con molta lena, come se avessimo un appuntamento. Le rocce a salire sembrano dei gradini, ripidi, ruvidi. Si scivola sul fango, e allora è meglio cercare la pietra. Il posto è selvaggio, da un lato la montagna è completamente rapata dal vento. Sento una cascata in lontananza. Anche se ora non piove più, in cielo vedo ancora i tendaggi

scuri delle nuvole, un senso di minaccia che mi piace. Le cose che si stanno per sbilanciare. Giriamo da uno spunzone di roccia e puntiamo di nuovo al bosco.

È l'ultimo tratto, l'ultimo sforzo, mi dice Giovanni, non posso mollare ora. Faccio leva sulle mie gambe magre, ma mi devo aiutare con le mani. Sono stanca, lo sento.

Poi vedo Giovanni fermarsi proprio al centro del sentiero. Guarda in alto, non muove un muscolo. "Eccola!" Sta indicando più su. "È lei, è lei!"

Seguo il suo dito, strizzo gli occhi. "Guarda!" All'inizio non vedo nulla, non mi sembra di distinguere nessuna forma animale, nessun essere selvatico. Non credo davvero che ci sia nulla da vedere.

"Guarda meglio. Guarda bene", insiste lui. "E non ti muovere." Il tono da dottore che sa come curare un paziente.

Mi sporgo, mi sforzo, strizzo gli occhi ancora. Poi mi blocco: ora ci credo, credo che ci sia. Lo credo, perché l'orsa c'è: è là. La vedo anch'io, adesso. Sì, è là, la vedo!

Mi sta fissando negli occhi, ha aperto la bocca. La lingua, un velluto morbido, un fiore rosa che sboccia.

Non c'è minaccia. È un saluto. Un ultimo saluto.

Adesso stiamo scendendo più in fretta che possiamo.

C'era, non c'era, era solo una macchia. Giovanni ha mentito, ho mentito io.

Nulla ha più importanza, ora che metto insieme i passi per un ritorno, ora che ci teniamo per mano con questo uomo incontrato per caso. La mia guida.

Ripenso alle parole di mia madre in ospedale. "Sei stata il grande amore della mia vita", e annuisco e sorrido, come se d'improvviso quelle parole avessero trovato un senso.

Mia madre quando ero bambina aspettava che la farfalla le salisse sul polpastrello. La farfalla non scappava, si aggrappava alla sua unghia e lei me la portava. I miei occhi storti per osservarla a pochi centimetri dal naso. La mia pazza felicità.

Ludovica Medaglia

Sole, rivolgo a te il mio saluto

Mentre studiava allo specchio la propria figura slanciata, cui l'abito blu notte donava una nota di eleganza, Arthur non poté trattenere un sorriso. Impeccabile disinvoltura: si augurò di produrre quella stessa impressione anche il giorno successivo. Per la riunione dei manager a capo della filiale europea dell'azienda aveva optato per un completo nero, scelto con la stessa cura con cui aveva preparato il discorso da tenere, perché era anche dai dettagli più banali che dipendeva la possibilità di una promozione. Dai lineamenti di Arthur non traspariva la tensione accumulata nelle settimane precedenti: i suoi pensieri sfumavano prima ancora di aver trovato una direzione precisa, ma in questo senso di attesa si sentiva perfettamente a suo agio. Non osava nemmeno considerare la prospettiva che un fallimento lo avrebbe riconsegnato alla vuota normalità, a cui l'ambizione lo aveva momentaneamente sottratto.

Nel frattempo, si lasciava lusingare dal piacere di una suite all'Albion. "La Royalty? Per quella suite le nostre cinque stelle sono una valutazione severa", aveva ammiccato il maggiordomo dell'ultimo piano, "dalla terrazza può ammirare tutta Edimburgo." Arthur fece il giro dell'ampio soggiorno, avanzando con passo leggero tra sedie di design dalle forme più varie, sulla cui superficie si rifletteva rosea la luce ormai calante del sole. In un angolo notò un albero di leggerissimo acciaio, dalle fitte foglie ovoidali: un salice piangente, indovinò. Appena ebbe premuto un pulsante alla base, il soggiorno si screziò di ombre e luci dalla tonalità calda; accingendosi a disporre in ordine i bagagli, Arthur stesso si sentiva rilucere di modernità.

Aprì la valigia in cui aveva riposto l'abito elegante per l'indomani, ma si fermò interdetto. Anche al lavoro, talvolta, apparivano dati incoerenti: lo schermo del computer segnalava un errore di visualizzazione, ma solitamente pochi secondi erano sufficienti perché le cifre del foglio Excel tornassero a incolonnarsi docilmente, come Arthur le inseriva. Ora, invece, il kilt non sembrava affatto deciso a sparire, ma rimaneva piegato nella valigia, proprio dove avrebbe dovuto esserci l'abito nero. Un pesante kilt in tartan[1] sulle tonalità del blu con una fibbia d'oro dalla forma di cervo, giacca e camicia intonate al kilt, calze bianche da indossare sotto i lacci delle ghillie brogues[2]

---

1 *Tessuto di lana a quadri con il quale sono realizzati i kilt scozzesi.*

2 *Scarpe di pelle con decorazioni perforate e lunghi lacci che si legano all'altezza delle caviglie, tradizionalmente associate al kilt.*

verniciate: un completo perfetto per una riunione di manager, pensò sarcastico Arthur. Utilissimo anche il coltello tradizionale, lo sgian-dubh, riposto con cura nella tasca laterale della sua valigia. Sua? No, non poteva essere. Arthur ripercorse a ritroso il viaggio, fino alla sua abitazione parigina: non si era mai separato dal bagaglio, tranne... Nell'aeroporto Charles De Gaulle, ricordò, lo aveva perso di vista per qualche istante, il tempo di comprare delle sigarette. Lo scambio con la valigia di un altro doveva essere avvenuto in quel momento. L'ovvietà della spiegazione non lo calmò affatto; imprecò ancora un poco.

Dieci minuti dopo, Arthur usciva dall'albergo in cerca di un nuovo abito da lavoro. La calma appena apparsa nei suoi pensieri sembrava diffondersi immutata nella quiete della via. A un tratto si accesero i lampioni e i contorni delle ombre, prima persi in lontananza, si definirono improvvisamente. Arthur gettò distrattamente un'occhiata alla propria. Procedeva a lunghi passi, con una gonna. Trasalì. Si era dimenticato di togliersi il kilt che aveva indossato per prova nella stanza. Questa considerazione non scalfì la sua buona disposizione d'animo: la strada vuota, infatti, non mostrava nessuno che potesse notarlo. Proseguì imperturbabile, diretto verso Princes Street. Non ricordava bene il percorso, ma nello stretto vicolo in cui si trovava lo raggiunse l'eco di musica commerciale, che a tratti emergeva da un clamore indistinto. Persone: al pensiero non riuscì a trattenere un gemito. Non aveva considerato il fiume che a passo faticoso scorre in Princes Street. Tentò un rapido calcolo, ma le cifre, rivoltandosi affannosamente, crebbero iperboliche: nella via illuminata a giorno, decine, centinaia di migliaia di occhi avrebbero fissato la sua ridicola tenuta. Se davvero fosse entrato in Princes Street, la corrente si sarebbe fermata, attonita, e di fronte a lui le acque si sarebbero aperte in un varco di silenzio irreale. Scattò a correre nella direzione opposta, verso il buio.

Aveva percorso un buon tratto di strada quando iniziò a mancargli il fiato. Si voltò senza fermarsi, ma la vista si smarrì tra gli alberi che costeggiavano il viale vuoto, già immerso nel blu intenso della sera. Nonostante non riuscisse a distinguerli, avvertiva con precisione gli occhi dei colleghi manager sporgersi da ogni tronco e alludere alle sue stupide calze lunghe. La promozione, il prestigio: tutto irrimediabilmente perduto. Avanti, in lontananza, un'auto cercava parcheggio; poco oltre, il profilo di un uomo. Il suo riso sommesso risuonava nelle orecchie di Arthur mentre accelerava il passo, quando im-

provvisamente il ghigno dell'uomo si trasformò nella risata di disprezzo di sua moglie. Ex, ex moglie, si rimproverò Arthur. Chissà cosa avrebbe pensato se lo avesse visto con un tale abbigliamento. Nulla, probabilmente. Eléonore non si sarebbe neppure stupita, ma avrebbe piegato le labbra in una smorfia di compatimento, che avrebbe oltrepassato i vestiti per rivolgersi all'intera persona del marito. *Non mi ami, non sei più tu:* semplicemente questo, aveva preso i suoi libri di greco e se n'era andata. Per la centesima volta, il ricordo delle proprie menzogne, per quanto motivate dall'amore per lei, lo fece rabbrividire. Negli ultimi tempi, sostenere nella sua relazione con Eléonore la parte dell'uomo esuberante e pieno di vita era divenuto ogni giorno più difficile; la certezza che quegli occhi profondi avessero carpito in lui il segreto del suo male senza nome lo riempiva sempre di vergogna. Vergogna, come con quella gonna a quadri con tanto di cervo e lo sgian-dubh in una calza. Avrebbe desiderato essere invisibile, fatto d'aria, anzi no: evanescente era sempre stato di fronte allo sguardo penetrante di Eléonore, e a pensarci sentiva stringersi il cuore. A pesargli, in realtà, era l'inevitabile vicinanza di se stesso. Se stesso... *Tu reciti, Arthur. Non so più chi tu sia.* Improvvisamente si sentì leggero, come se non stesse camminando, ma fossero piuttosto gli alberi e i lampioni a muoversi nella direzione opposta, spinti dalla brezza serale. Anche quei vestiti si spostavano con levità, come portati: di certo non da lui, da nessuno o forse da un altro. Sì, un altro: quello stesso a cui apparteneva la valigia.

"Elijah! Non posso credere che sia proprio tu, eppure come non riconoscerti a un miglio di distanza, vestito così?"

Arthur non fece in tempo a sussultare che si ritrovò stretto in un abbraccio poderoso. Gli occhi scuri dell'uomo brillavano di un entusiasmo sincero.

"Dieci anni, ti rendi conto? E tu torni e non dici nulla al tuo Fingal?"

Fingal? Arthur avrebbe giurato di non avere mai conosciuto una persona con questo nome. Eppure, come preso da un'ispirazione, ricambiò l'abbraccio. I progetti di quella sera gli scivolarono via come le gocce a un nuotatore che emerge dall'acqua, donandogli una sensazione di piacere. Ora era Elijah, il tizio del kilt nella valigia, Elijah l'amico di Fingal.

"Mi dovrai raccontare tutto. Anzi, perché non ti unisci a noi, la solita banda? Questa notte celebriamo un cèilidh."

"Adoro i cèilidhean, fanno rinascere in me il mio spirito scozzese", Arthur si sentì rispondere.

"Ricordo", ammiccò Fingal.

Quando Fingal annunciò che la destinazione era St. Andrews, erano in auto già da mezz'ora. Edimburgo aveva lasciato il posto alle distese buie dei campi e i fanali illuminavano soltanto pochi metri di strada. La pioggia battente sul tetto dell'utilitaria era il solo rumore, e per Arthur aveva un tono inquietante. Gli sembrava che al teatro in cui recitava la parte di quell'Elijah mancasse il soffitto e che la pioggia si riversasse ticchettando sugli oggetti di scena e sui costumi, come se il mondo esterno assediasse da fuori la fragile impalcatura della finzione. Il costume di Elijah grondava acqua da ogni parte e bagnato rendeva visibile il profilo di Arthur: in ogni movimento, in ogni battuta. E così anche Elijah in quei dieci anni era diventato un brillante manager, e anche la moglie di Elijah, che per caso si chiamava Eléonore, era una studiosa di teatro greco. Però Elijah non aveva mai avuto bisogno di mentire a Eléonore, perché non aveva mai, nemmeno nei giorni peggiori, pensato alla morte.

"Sai, giravo così, per Edimburgo: volevo perdermi tra le sue vie e ringiovanire nei miei ricordi, così lontani..."

"Lontani, Elijah? Distanti possono sembrare solo a te che te ne sei andato per il mondo."

Sono andato per il mondo, annotò Arthur nella mente, lieto della nuova informazione sul passato di Elijah e pronto a ricamarvi intorno persuasivi dettagli.

"Per noi, invece," proseguì Fingal, "gli anni sono soltanto le rughe che si disegnano sui nostri volti mentre narriamo all'infinito le storie tramandate dai nostri padri. La scorsa settimana Jonathan ha riproposto l'ennesima rielaborazione della leggenda dell'Arthur's Seat e delle bambole intagliate nelle tombe. Eppure queste storie ci affascinano sempre, lo sai. Tra poco rivedrai tutti."

Arthur si limitò ad annuire senza rispondere, preoccupato per il fatto che Fingal alludesse a persone che Elijah avrebbe dovuto riconoscere. Trascorse il resto del viaggio in silenzio, provando le domande e le affermazioni che, senza tradire la sua inadeguatezza, lo avrebbero inserito nella compagnia del cèilidh.

A St. Andrews lo sottrasse al diluvio un locale caldo, ma poco illuminato. Gli occhi di Arthur si soffermarono su un piccolo focolare, al centro. Creava un cerchio di luce molto netto, al di fuori del quale l'oscurità celava alla vista non ancora abituata i confini della stanza, che però doveva essere parecchio più ampia.

Ancora prima di intravedere le ombre che si allungavano in un continuo movimento, Arthur ne sentì le voci: sussurri e risate si perdevano in un brusio indefinito, che lo avvolgeva da ogni direzione, sebbene non fosse in grado di distinguere le parole. Si voltò in cerca di Fingal, ma non riuscì a scorgerlo tra i profili che a poco a poco si delineavano al suo sguardo. Indietreggiò di un passo e per poco non travolse un bambino di pochi anni che si rincorreva con un coetaneo, zigzagando tra un gruppo di uomini intenti a discutere animatamente. Arthur aprì la bocca per scusarsi, ma lo raggiunse soltanto l'eco delle grida infantili, perse chissà dove tra la folla. Gli parve che il bambino indossasse un kilt, ma non ebbe modo di controllare. Un attimo dopo ebbe la sensazione di sorreggere qualcosa di pesante: Arthur si ritrovò tra le mani un bicchiere di whisky deliziosamente ambrato. *Slàinte mhath*, cantava una donna dai capelli rossi, in piedi vicino a lui. Alla salute!, tradusse, cercando con gli occhi compagni per brindare. Il suo sguardo incrociò quello di Arthur e si illuminò:

"Elijah!"

Accidenti, mi sono travestito davvero bene, pensò Arthur. E, mentre narrava a Lilith, lasciò nuovamente che Elijah si impadronisse della sua memoria e della sua voce. Parlava senza pensare: le parole nascevano in lui e ne uscivano come foglie portate dal vento, amabili e coinvolgenti. Non erano bugie, o almeno non era questa l'impressione all'ascolto, tale era la naturalezza con la quale Arthur inventava. Da Edimburgo, Elijah era partito per Parigi e vi aveva realizzato il sogno che da tempo lo visitava, soave di notte e colmo di interrogativi durante il giorno: si era sposato con una donna francese dal nome di regina. Aveva viaggiato, era sempre stato l'uomo dalla vita invidiabile...

"Buonasera a tutti!" Lilith sussultò: una voce stentorea proveniente dal centro della sala sopraffece il brusio diffuso.

"Signore e signori", proseguì la voce, mentre nel cerchio illuminato dallo splendore del focolare faceva il suo ingresso un uomo che indossava un kilt rosso scuro, "è per me un onore annunciarvi che questa notte cupa sarà riscaldata dall'allegria che solo gli istanti possiedono, perché trascorrerà impercettibile eppure emozionante, come una fotografia di un giorno passato. Ridesteremo, anche se soltanto per poche ore, il ricordo dei nostri antenati tinkers..."

Qui l'uomo fece una pausa significativa, osservando con evidente piacere l'effetto prodotto dalle sue parole. Nella sala regnava la quiete e tutti gli

sguardi erano puntati su di lui, nemmeno i bambini fiatavano più.

"... E il segno sia un dono ai membri del cèilidh da parte di ognuno, un frammento della nostra arte. Racconti, danze, musica: rendiamo indimenticabili queste poche ore. Ed ecco a voi... Mary Jane McHeartney!"

Si distinse dapprima un suono incerto, di flauto, come se la musica stessa fosse intimidita dal silenzio che rompeva. A poco a poco le note tremanti si precisarono in una melodia sempre più complessa, quando d'un tratto il flauto cessò e nel cerchio di luce entrò cantando una bambina dalle lunghe trecce scure.

> Rivedrò le colline, rivedrò i querceti
> Ma non riconoscerò le fate della mia infanzia:
> cerchi di nebbia veleranno i miei occhi
> e senza capire udrò il rumore del vento.

Al canto si unì una seconda voce, quindi, dal fondo, una terza; tenevano registri diversi, intrecciandosi e poi divergendo nuovamente verso note ora acute ora gravi. Subentrò un violino e un'onda di voci percorse tutta l'assemblea, acquisendo progressivamente una potenza sempre maggiore. Il ritmo diveniva più marcato, ballabile; all'entrata del timbro profondo della cornamusa, un senso di solennità aveva ormai pervaso i gesti di tutti. Era un crescendo e Arthur sentì l'eco della musica ormai vorticosa rendergli opachi i pensieri e tradursi in azione: ballando percepiva in sé l'entusiasmo che leggeva sui volti degli altri. Il tempo trascorreva lasciando intatta la freschezza dei movimenti: del resto, non si poteva essere sicuri che esistesse un tempo diverso dal ritmo trascinante di quella musica. A un tratto l'intera folla parve piegarsi in accordo e confluire in un lato della stanza, come attratta da una forza magnetica. Arthur si accorse che gli occhi di tutti erano rivolti verso di lui, animati da sguardi gioiosi, mentre le labbra sillabavano piano il nome di Elijah. L'improvviso silenzio lo svelò alla luce: era il solo a trovarsi nella zona illuminata, osservato. Arthur rimase attonito per qualche istante, con l'oscura eppure tagliente percezione che fosse il suo momento. Era l'ospite d'onore e doveva fare anch'egli il suo dono.

Prese fiato, cercando di rievocare qualche canzone della giovinezza, ma i ricordi si dileguavano prima di prendere consistenza. Lo sguardo indugiò, con nostalgia, sull'oboe di cui nell'oscurità brillava il riflesso: per un momen-

to Arthur si rimproverò di non essersi mai dedicato alla musica.

"Una storia su di te!"

A quelle penose considerazioni lo sottrasse la voce di un ragazzino di nove o dieci anni, che lo fissava con un'espressione di incoraggiamento. Arthur indugiò con piacere a osservarlo, quasi per non rompere il legame con quegli occhi infantili, protettivo. Improvvisamente si rese conto che questa era l'alternativa peggiore di tutte. Se avesse potuto narrare di sé sinceramente, non avrebbe aperto bocca. Nei mesi precedenti, ogni istante era stato il filo di una narrazione fittizia, intessuta con una cura quasi maniacale. Mille volte, davanti allo specchio, aveva provato l'inflessione di voce più corretta per osservare: "Quanto sono allegro oggi." *Spensierata e noncurante. Accento su "allegro", tono ascendente,* si raccomandava, rivolgendosi infine a Eléonore. L'espressione interrogativa sul volto di lei lo aveva sempre lasciato interdetto.

Quando Eléonore raccontava le vicende dei suoi eroi greci, invece, un sentimento di profondo fascino si impadroniva di Arthur.

"Ottima idea, bambino. Ma reciterò una storia antica, rappresentata da Sofocle. Una rocca inespugnabile era assediata da un esercito sconfinato, mai visto prima. Il suo baluardo era Aiace. Un eroe fortissimo, alto quanto una montagna, il migliore da quando la terra copriva il figlio della dea, Achille. Le armi del defunto sarebbero spettate a lui, ma non gli furono assegnate. L'esasperazione si mutò in delirio: uccideva, imperversando non tra gli uomini, ma tra greggi e armenti. *Nessuno lo riconosceva, non era più lui.* Oscuro turbine di follia, morbo senza nome mandato dagli dei. Poi, la consapevolezza, la solitudine d'acciaio e la necessità di fingere di fronte a tutti. In riva al mare, il congedo al sole e alla natura. Il canto ammaliante della morte."

Lentamente Arthur estrasse il coltello tradizionale che portava con sé, gli occhi calamitati sulla lama, come se avesse dimenticato il bambino, l'assemblea. Lo depose; la voce era ridotta a un sussurro, ma cominciò sicura:

"L'arma del sacrificio sta lì ritta, nel modo il più possibile tagliente. L'ho piantata io, bene a fondo nel terreno, perché, nei miei confronti assai benevola, mi dia morte rapida. Prego Ermes, sotterranea guida: mi mandi dolce sonno quando con balzo energico, senza spasimi, su questa spada io squarci il mio fianco. Invoco a soccorrermi le eterne vergini, che sempre guardano ogni pena dei mortali, le venerabili Erinni dal passo veloce, perché apprendano quanto, per causa degli Atridi, io muoio sventurato. Ma non ha

senso levare questi funebri lamenti, invano: dare inizio è necessario all'opera con una certa sollecitudine. A te, luce di questo fulgido giorno, e a te, Sole che procedi sul carro, rivolgo il mio saluto, ora per l'ultima volta, e mai più di nuovo in futuro[3]."

Il pensiero del sole confuse Arthur. Sentì qualcosa mutare nella voce a mano a mano che dimenticava Sofocle. Declamava con gli occhi che brillavano di un riso inespresso, amaro; ora parlava soltanto alle proprie parole. Se le vedeva davanti: si erano spogliate di qualsiasi concitazione e fluendo da sé vestivano quel buio solenne, ignaro del tempo.

"O Morte, Morte, ora vieni a volgere su di me il tuo sguardo; ma anche laggiù, stando con te, potrò parlarti. Eppure non mi giungi sconosciuta, Morte, poiché già da tempo il tuo pennello tinge di nulla il mio animo, né, credo, sono necessari altri tratti per completare il quadro. Errano i poeti: non è armonioso canto il tuo richiamo, né silenzio. Troppo soave sarebbe il passaggio. È l'eco delle mie grida perdute, raggelate nell'istante dell'orrore. Da quell'attimo, Morte, sei me. Non vi è sole splendente a cui io possa consegnare le mie parole, né vento o luce. Perciò, tetra desolazione, è per te il mio congedo. Già avverto la stretta di una mano esangue come la tua, ma poco più fredda. Questa è l'ultima parola che vi grido; le altre le dirò nell'Ade ai morti."

Un ultimo sguardo alla lama: Arthur si ricordò improvvisamente di Aiace e calcolò lo slancio. Cadde con un tonfo, volutamente più a sinistra del coltello, in modo che esso fosse nascosto alla vista del pubblico. Contò fino a cinque e si rialzò, riponendo lo sgian-dubh con cura nel kilt. Aguzzò gli occhi, cercando di individuare i volti nell'oscurità, ma non vide nulla, né udì mutare il silenzio. Si avviò lentamente verso l'uscita, percependo su di sé gli sguardi perplessi di tutti. Per poco non si scontrò con Fingal, che, appoggiato a una colonna, lo scrutò con aria incerta. Per un attimo il sentimento fu di vergogna, perché l'abisso tra l'eroe greco e la propria meschinità gli si mostrò in tutta la sua eloquenza. Questo pensiero, tuttavia, non riuscì a turbare Arthur: *è muta la nostra tragedia*, si disse, *tutto è alla perfezione coerente.*

---

3 *Con queste parole traduco i vv. 815-6, 821-2, 831-8, 852-3, 856-8 dell'Aiace di Sofocle. Nel discorso successivo, unicamente l'incipit e la conclusione appartengono all'originale, nel quale costituiscono rispettivamente i vv. 854-5 e 865. Il testo greco è quello stabilito da A. Dain in Sophocle – Tome II. Ajax – Œdipe Roi – Électre, Les Belles Lettres, Paris 1958.*

Uscì e l'aria fresca che annunciava il mattino lo accarezzò piacevolmente. Ad Arthur, per un momento, sembrò di ricordare un impegno importante, ma la sensazione si perse nella distesa calma del mare. La porzione di cielo appena sopra l'orizzonte virava al rosa e sull'acqua violacea brillavano riflessi candidi. Arthur camminò un poco lungo una strada costeggiata da giardini ancora nascosti dalle tenebre, finché giunse alle rovine della Cattedrale. Nel prato antistante biancheggiavano file di lapidi inclinate. Avanzò a passo lento, leggendo i nomi. Gli occhi si posarono su una pietra a sesto acuto: *come note di musica noi passiamo...* ma lo sguardo si perse sul nome. Elijah, ricordò, questo nome che gli era ronzato nelle orecchie per tutta la notte: era questo il suo vero nome. Arthur era il soprannome che gli aveva attribuito Eléonore. *Io porto un nome di regina e tu sarai per me il re Arthur.*

Si lasciò condurre dai suoi passi, mentre abbandonava il cimitero e piegava verso la spiaggia. Il vento aveva ripreso a soffiare e l'aria carica di sale gli sferzava il viso. Camminava leggero, ascoltando le onde infrangersi sulle scogliere avvolte nell'ombra. Non pensava alla notte, né ancora i raggi della prima aurora, emergendo dal mare, mostravano il sole. Eppure, voltandosi, Elijah riuscì a distinguere sulla sabbia umida i contorni delle sue orme.

A mio padre, che ama Edimburgo

Demetrio Paolin

Piombo
un'autobiografia

Sono nato nell'agosto del millenovecentosettantaquattro il giorno quattro di trentadue settimane, e questa furia di uscire mi ha salvato la vita, o così dice mia madre, che altrimenti sarebbe stata sull'Italicus per salire a nord da mio padre. Il mio nutrimento è stato il piombo dei '70, mi hanno ingrassato un latte che sapeva di zinco e gli ormoni negli omogeneizzati; le mie ossa non sono altro che il risultato della crisi energetica e il sangue è quello dei poliziotti e dei terroristi mischiato insieme. Io sono venuto al mondo mentre ogni cosa esplodeva e l'aria sapeva di tritolo e di C4. Sono nato e i corpi come quello di mia madre venivano uccisi da pallottole vaganti. Come era bella di schiena Giorgiana Masi[1] quando il proiettile le si infilò all'altezza del polmone e lo perforò per uscire dall'altra parte, e la donna continuò la sua corsa per qualche secondo per poi sfiorire a terra morta. Io sono nato nel tempo in cui saltavano in aria treni, banche e loggiati medioevali. Io sono figlio di questa patria che chiamo Italia che è una lunga giovinezza piena di pomeriggi di noia, di sogni disfatti, di donne che avrei potuto amare e che ho cancellato; ho levigato la mia persona con una ferrea disciplina di purezza e oggi – passati 44 anni dal mio nascere – se leggete queste parole, io, Demetrio Paolin, sono morto, saltando in aria con la mia classe di alunni del liceo scientifico Keplero di Torino.

Il mio desiderio di purezza è qualcosa non facile da spiegare, ma so di possederlo fin dall'infanzia. Non ti viene insegnata la purezza nella vita di un paese di campagna, tra il concime e le bestie da badare; è qualcosa che hai nelle reni. Io vedevo negli altri un'ombra lunga quando camminavano, fossero essi miei compagni d'asilo, o gli amici di mio padre e di mia madre. L'oscura scia che avevano intorno al corpo mi disturbava, così mi guardavo allo specchio e capivo che io non ero come loro. Io non sono come loro, e non sono come voi adesso, io so e ho le prove di quello che è accaduto in questi anni; e le prove stanno nella purezza del mio sentire cristallino. Il disastro di questo nostro

---

1 *Giorgiana Masi era una studentessa di 19 anni, uccisa il 12 maggio 1977 durante una manifestazione pacifica del Partito Radicale, a cui si erano uniti componenti della sinistra extraparlamentare. Ancora oggi non è chiaro chi esplose il colpo. Secondo l'allora ministro dell'interno Cossiga, Giorgiana Masi fu vittima del "fuoco amico"; tesi respinta con fermezza dagli esponenti del Partito Radicale, per i quali a sparare furono agenti in borghese con una pistola non d'ordinanza e quindi mai individuata.*

stato è la sua assenza di memoria. Non c'è peccato, o reato più grave che non avere la memoria di quello che è accaduto. Essere puri significa ricordare tutto, sentire tutto, avere chiaro ciò che è stato, e sapere che così sarà sempre.

Nel paese ero quello strano, mia madre diceva che ero timido, guardavo la televisione la sera e non mi perdevo mai l'almanacco del giorno dopo e memorizzavo i fatti e chiedevo alla maestra e ai professori cosa fossero quelle cose che erano successe. Io conservo ricordi di quello che è stato quel tempo, il cui eco era arrivato fino alle colline tra le bestie e la meliga.

Quando trovarono Moro[2] io mangiavo un biscotto e vidi nello schermo quel corpo rattrappito e consunto, e il cibo che avevo nella bocca seppe di sangue e carne, divenne simile a qualcosa di avariato e acetoso. Corsi in bagno a vomitare e nella tazza del water buttai fuori la cena che avevo consumato e il biscotto: mentre guardavo quel bolo riverso nella ceramica bianca dei sanitari riconobbi il volto di Moro appena ucciso, era lì dondolante nell'acqua dello scarico che mi chiedeva aiuto, e mi implorava nello schifo in cui era di salvarlo. Io tirai l'acqua e lo sciacquone lo portò via e tutto divenne limpido e pulito; avevo salvato Moro, lo avevo ucciso, lo avevo redento dopo averlo vomitato. Nella mia testa pensai che gli uomini che lo tenevano prigioniero erano buoni come me. Avevano sentito la voce timida del vecchio uomo e mossi a pietà l'avevano ucciso per consegnarlo alla grandezza della storia. Perché la gente – mia madre appoggiata al tavolo che quasi sviene alla notizia – ti ricorderà come sacco di grano abbandonato nell'abitacolo della R4. È la morte l'opera di redenzione di Dio, essa ci rende nuovi, nuovo corpo, nuovi cieli e terra nuova.

La storia è ciò che amo di più, fin dalle elementari io ricordavo le date.

---

2 *Aldo Moro è stato deputato, segretario della Democrazia Cristiana, più volte ministro della Repubblica e Presidente del consiglio. Il 16 marzo 1978 l'auto che lo stava accompagnando al Parlamento fu assalita da un comando delle Brigate Rosse. I componenti della scorta furono tutti uccisi e lo statista rapito. I 55 giorni successivi al rapimento sono tra i più convulsi e complessi dell'intera storia repubblicana. La politica italiana si divise tra chi voleva in qualche modo trattare con il gruppo terroristico per la liberazione dell'ostaggio e la linea della fermezza. Quest'ultima, non senza difficoltà, prevalse. Il 9 maggio 1978 il corpo di Aldo Moro fu ritrovato cadavere nel bagagliaio di una R4.*

I sumeri, il loro regno va dal 4000 a.C. al 2000 a.C., poi arrivano i Babilonesi dal 2000 a.C. al 500 a.C., gli Assiri dal 2000 al 600 a.C., andavo da mia madre, le dicevo le date e la lezione, ero bravo. Avevo una maestra stramba, fascista mai pentita che nell'ora di musica ci faceva cantare Faccetta Nera e Giovinezza, che alla fine delle interrogazioni mi diceva: *Demetrio da grande diventerai uno storico.* In realtà non studiavo storia, io sentivo dentro di me crescere quegli imperi, sentivo il mio corpo riempirsi di popolazioni, provavo in me le loro gioie e i loro dolori. Le loro grida si incistavano come tumori della pelle, come verruche nei piedi e nelle mani.

E tornavo sempre a quegli anni, gli anni in cui mia madre si era sgravata nell'ospedale, che anzi avevano dovuto aprirla perché rischiavamo di morire tutti. Gli anni del piombo, gli anni delle molotov, dei fucili e della geometrica potenza di fuoco erano quelli in cui io crescevo. Non ho ricordi a colori, la mia infanzia è un lunghissimo inverno che pareva non finire più, sono le domeniche con mio padre sulle giostre e fuori piove. Non c'è luce nei miei ricordi. Si preferirono le tenebre. Qualcuno mi dice i '70 furono gioia e rivoluzione, ma dentro di me so il male che ho sentito. Questo male, volevo farlo diventare qualcosa di bello e utile; il male che faccio è bene. Ciò che farò sarà bene, anche se per tutti sembrerà male, quindi farò il male senza che male sembri; ma un giorno, quando troverete queste parole, saprete che io mi sono fatto male perché ognuno avesse salvezza e verità. Qualcuno deve farsi peccato per redimere gli altri.

Io sono questo peccato.

Così ho studiato e sono andato a Torino all'università per diventare uno storico; e lì qualcosa si è inceppato. L'amore per Carla ha minato la mia purezza, mi ha convinto che quello che sentivo era follia: non avevo corpi di altri uomini dentro di me o nella mia testa, ma ero un ragazzo troppo solitario cresciuto in mezzo alle vigne e ai campi. Lei mi avrebbe aiutato, così mi disse, e mi fece scoprire il suo corpo. Poi una sera, dopo aver finito di leggere di certe storie arabe, in cui l'uomo prendeva la donna nel sonno e la faceva sua senza svegliarla, mi decisi. Mentre lei dormiva le legai i polsi e le gambe, e la penetrai con forza. Lei si svegliò e io vidi i suoi occhi sgranati dallo spavento. Io le pesavo sopra, mi piegai coprendole la bocca e dissi: *Sei una donna delle mille e una notte, ecco io ti prendo nel sonno... e tu dormi.* Ricordo le sue lacrime,

una traccia di madreperla lungo le mie dita. Ho memoria di una gioia piena, che solo oggi risento alla vigilia di fare ciò che devo.

Se la vita in paese – i tramonti lunghissimi sui filari delle vigne, sulle rogge d'acqua che s'annerivano la sera e l'idea che presto saresti morto – era stato un continuo nascondere ciò che ero, Torino mi nascose senza chiedermi niente. Mi piace, ancora, girarla la mattina presto, specie d'inverno, quando le saracinesche sono chiuse, e scoprire piccoli luoghi dove un tempo ci furono uccisioni. *Qui* vennero trucidate due guardie carcerarie, *qui* quelli di Prima Linea fecero la loro strage, in questo locale che ora si chiama *Xò* un tempo venne bruciato vivo Roberto Crescenzio[3] . Il locale si chiamava l'*Angelo azzurro* e alcuni "comunisti" lanciarono bombe incendiarie...

Al *Xò* ci andai con Serena, la mia ragazza di allora, dopo che avevamo fatto l'amore sul pavimento della cucina, e le ero venuto dentro e lei aveva sorriso. Eravamo una coppia felice, che andava in un locale ad una festa. Serena era molto bella, credo che lo sia ancora oggi, passati anni, e mentre scendevamo, le dissi: *Sai che qui è morto bruciato vivo Crescenzio.* E lei mi guardò come se non capisse. Crescenzio, ripresi, un ragazzo è stato bruciato qui. E lei allora: *un rogo medioevale?* E io capii che non c'era più spazio, che questa forma di ignoranza era qualcosa di tremendo. Come potevo testimoniare a questa gente e a Serena, che amavo ma non capiva, la morte di questo ragazzo? Così mentre eravamo al tavolo presi una tea light, ce ne erano molte messe a decorazione, versai sul braccio nudo di Serena la cera, talmente incandescente da essere liquida. Lo feci volontariamente, in modo che lei vedesse come il mio non fosse un errore o uno sbaglio. Il suo urlo fu così forte che la gente si girò e io le dissi: *Ecco pensa il corpo che brucia, non scacciare il dolore, non fuggirlo, concentrati sul dolore e provalo tutto, lascia che le tue terminazioni nervose lo sentano fino alla fine. Ecco immagina l'intero tuo corpo ricoperto di questa cera, immagina il dolore, immagina la pelle ritrarsi e carbonizzarsi come un pezzo di carta. Ora tu per quel centimetro di pelle sei come Crescenzio.*

---

3   *Roberto Crescenzio: studente universitario, rimase vittima dell'attentato all'Angelo Azzurro. Il 1° ottobre 1977 a Torino si tenne una manifestazione per ricordare l'uccisione di Walter Rossi (militante di sinistra), alcuni dimostranti si staccarono e gettarono delle molotov contro il locale, ritenuto a torto un ritrovo di fascisti, che prese fuoco.*

Crescenzio corpo bruciato, Crescenzio corpo combusto, vivente ma morto, seduto sulla sedia fuori dai portici di via Po nella mattina di un cielo ingrigito, Crescenzio mummia dei nostri '70, respiravi e sembravi un albero carbonizzato, solo occhi bianchi ancora aperti e un po' di coscienza che poco alla volta sarebbe scomparsa. Crescenzio statua di carbone, nero tizzo di inferno, nessuno seppe meglio di te ciò che vuol dire esser vivi in un corpo morente, tu che ora sei niente di più che un nome, e neppure una targa ti hanno messo nel locale, dove la gente prende aperitivi e sorride e non sentono l'odore di bruciato e merda che devi aver fatto mentre la tua pelle prendeva fuoco e ti spaventavi così tanto da non avere nessun ritegno delle tue viscere ormai sfatte. Il mio gesto definitivo è anche per te perché si sappia cosa significhi svampare, esserci e poi non più. La memoria è sentire su di sé il terribile sguardo dell'angelo della storia, che accade sempre uguale e sempre nuova.

Quella fu l'ultima volta che vidi Serena. Se lei è stata il primo movimento della mia sconfitta, i miei alunni negli anni cosa sono stati? Io cosa sono stato per loro? La scuola è diventato un opificio di cervelli tutti uguali, dove quello che conta è saper mettere le crocette nei test. Io non voglio una scuola così. I miei alunni sono diventati sempre meno "me" e sempre più un mondo che non riuscivo a comprendere. Ciò che dicevo a loro non interessava, non studiavano, ma immagazzinavano fino alla interrogazione e poi svaniva tutto. I nomi, tutti i nomi dei morti, le date, i luoghi, le sofferenze sparivano: non sentivano nulla. Per loro Guido Rossa[4] o Giordano Bruno erano la stessa cosa; non c'era differenza: i secoli passati e i decenni passati erano diventati dello stesso colore informe.

Poi un giorno di marzo, vidi alla televisione i miei ragazzi, uno a uno intervistati da un giornalista nel giorno dell'anniversario del rapimento di Moro. Guardai le loro facce che dicevano che Moro l'aveva rapito Berlinguer, che il compromesso storico era quello tra Berlusconi e Bossi, che le Brigate Rosse erano quelle di Garibaldi. Ho preso la televisione e l'ho buttata a terra, lo schermo si è frantumato in mille pezzi e io ho preso a pugni la struttura fino

---

4   *Guido Rossa: operaio e sindacalista genovese ucciso dalle Brigate Rosse. La sua colpa agli occhi del gruppo terroristico: quella di aver denunciato un collega che compiva atti di volantinaggio clandestini per le BR. Ai suoi funerali presenziarono più di 25 mila persone.*

a farmi sanguinare le mani.

Poi si è fatto silenzio, e ho preso i cocci del vetro dello schermo e li ho disposti in ordine sul pavimento, ho creato un percorso dalla sala verso il bagno e mi sono tolto le scarpe e le calze e ci ho camminato sopra fino a quando le piante dei piedi non sono state rosse di sangue come le piastrelle. Mi sono denudato e con le mani insanguinate mi sono cosparso il corpo e mi sono guardato allo specchio.

Chi sono io? Io sono quello che appare in questo specchio. È questo il mio vero io? Ho per troppo tempo tenuta nascosta la mia vera natura; per educazione, cultura e buon senso ho tenuto celato quello che ero, ma sono un chiamato a qualcosa di enorme. Così entrato in doccia ho concepito ciò che sto andando a compiere. L'ho pensato nei dettagli, anche più minuti. Il sangue mi colava via dal corpo e io mi sentivo bene, mi stavo purificando di tutto ciò che in questi anni mi ha appesantito. Io so quello che sono, io sono lo strumento per cui ognuno di voi finalmente tornerà a sapere ciò che è stato.

Io sono lo strumento di tutto questo, compio questo per amore di ognuno di voi, perché amo i miei alunni, perché amo i loro genitori. Voglio fare qualcosa per la loro salvezza, perché non siano quello che sembrano, perché conosco lo splendore che c'è dentro ognuno di noi, la grazia bellissima che hanno, e che colgo quando li vedo negli intervalli giocare a calcio, o ridere insieme; perché c'è una sorta di felicità nell'incastro delle persone quando camminano per i centri commerciali, per le vie della città: c'è una bellezza, amici, è una bellezza così potente da richiedere il sacrificio.

Voi avete paura, i miei alunni hanno paura, quindi è necessario qualcuno che vi spinga e vi porti oltre questa soglia di timore e spavento. Eccomi sono il vostro servo, io dedico la mia vita a questo servizio: io vi amo tutti e voglio che tutti sappiate il bene, che tutti capiate che cosa sia bene e cosa sia male. Alcuni di voi patiranno il male, affinché si sappia finalmente cosa significa soffrire: solo dalla sofferenza, dalla profonda e radicata sofferenza ci sarà una vera nuova consapevolezza.

Io per me non voglio nulla, non voglio assolutamente niente, il servo fa quello che deve perché è la sua natura. Il coltello incide la carne perché è stato progettato per un preciso fine, non sente e non desidera essere nient'altro.

Sono uno strumento, la grazia concessa agli strumenti è quella di servire al proprio scopo. Per umiltà, perché non credo di essere degno di altro, terrò nascosto il motivo del mio gesto, lo camufferò e per anni, fino a quando questo lascito non verrà letto (esattamente 25 anni da oggi) nessuno saprà realmente chi io sono.

C'è un tempo per mostrarsi e un tempo per rimanere nell'ombra, io cammino nascosto perché tutto avvenga potente e terribile come la bellezza. Quando accadrà tutti capiranno. Quando accadrà le cose saranno rinnovate.

Io sono il vostro servo Demetrio Paolin.

~

(*) Rimini – Nel terribile attentato del 19 maggio alla Mini Italia c'è una figura che pare spiccare su tutti, quella del professore Demetrio Paolin. Quarantaquattro anni, single, il prof – come lo descrivono a scuola – era un uomo gentile e colto, sempre pronto a stare con gli alunni a cui non faceva mai mancare il proprio sostegno anche lavorando oltre il consueto orario scolastico.

Fatalità vuole che ci fosse lui con i ragazzi della 5 f di Torino davanti alla "Mini Bologna" quando la bomba lasciata da ignoti è esplosa e ha ucciso 6 scolari, ferendone gravemente almeno altri 5 e lasciando gli altri con gravi lesioni.

Poteva essere una tragedia di proporzioni peggiori, dicono alcuni testimoni, se non fosse per il professore che, avvicinatosi allo zaino colmo

di C 4, con il suo corpo ha in parte attutito lo scoppio.

Le testimonianze di tutti paiono essere concordi nel descrivere l'uomo muoversi verso il sacco sospetto e aprirlo. Proprio questo gesto, con ogni probabilità il docente aveva creduto che quello fosse lo zaino di uno dei ragazzi lasciato incustodito, ha salvato i turisti più lontani; questi, infatti, hanno avuto il tempo di sentire: "... bomba..." e buttarsi a terra. Un gesto che il prof e gli alunni non hanno potuto fare.

Il liceo Keplero di Torino ha già dichiarato che il professore e gli alunni verranno ricordati in una commemorazione nei prossimi giorni e sicuramente si farà in modo che venga serbata memoria dell'uomo e dei ragazzi.

Gli inquirenti, invece, stanno vagliando diverse ipotesi legate all'esplosione. Inizialmente si era pensato alla pista islamica, ma il ritrovamento di una rivendicazione – un volantino abbandonato sul tavolino di un bar all'interno della Mini Italia – che recitava: "Per non dimenticare Bologna 2 agosto 1980[5] e tutti i morti degli anni '70", sta

---

5   *Il 2 agosto 1980, alle ore 10:25, una bomba esplode alla stazione di Bologna uccidendo 85 persone. La storia giudiziaria della strage e la ricerca dei colpevoli è fatta di continui depistaggi. Dopo un lungo iter processuale sono stati condannati come esecutori materiali alcuni militanti di estrema destra, appartenenti ai Nuclei Armati Rivoluzionari.*

portando la polizia a privilegiare la pista anarco-insurrezionalista.

Se tale ipotesi si dovesse rivelare veritiera, il destino di questo giovane professore sarebbe ancora più strano e beffardo.

Demetrio Paolin, infatti, si era laureato con una tesi sugli anni '70, che era stata poi pubblicata dalla casa editrice Il Maestrale con il titolo *Una tragedia negata*.

* Simone Gabuzzi, *Il professore eroe* da IL RESTO DEL CARLINO, edizione del 26 maggio 2018

Anna Pavignano

Cronaca di un fatto di cronaca

Quando entra in casa, prova un senso di immobilità, un freddo strano, come se gli passasse il filo di una lama gelida lungo la spina dorsale. Lui non chiama in nessun modo quello che prova, lo sente senza saperlo, quello che sa è che c'è qualcosa che lo fa incazzare, punto. Il qualcosa è che lei non c'è. La cerca nelle stanze, sbatte le porte, si ferma in bagno per pisciare e la chiama.

Dalla vaschetta di scarico colano gocce pesanti di condensa, muffite. Che ci vuole a prendere una scala e salire su con uno straccio in mano? La madre è zozza, non le ha insegnato niente. Tale madre, tale figlia, pensa.

"Samantha!", grida. "Dove cazzo sei?" Fa di nuovo il giro della casa. "Ti ho detto: aspettami che ne parliamo! Dove sei andata, grande stronza?"

Lei è andata via e ha lasciato il letto sfatto, il caffè versato sul fornello. I calzini di lui, sfilati la sera prima, sono ancora in terra vicino al letto. Non era mai successo, Samantha li ha sempre raccolti e messi nella cesta. Poi lavati e stesi.

Un laghetto giallo intorno ai calzini. Forse è la prima volta da quando sono sposati che li raccoglie da terra con le sue mani: grondano piscio che gli cola sui polsini della camicia. Alla gatta sono piaciuti e li ha fatti suoi.

"Dove sei?" Non cerca Samantha ora, ma la gatta. Lei si è rannicchiata sotto al letto, ma non ci vuole niente a trovare una gatta nascosta se, al collarino rosa di animale vezzoso, è appeso un campanellino. "Vieni qua, sei più bastarda di quella bastarda della tua padrona!" Tin tin tin, due lampi verdi dagli occhi sono la gatta. "Vieni qua Trilli, vieni! Trilli! Un nome più scemo non poteva dartelo." La gatta si ritrae. "Vieni, non ti faccio niente." Allunga un braccio e rovista nel buio.

È riuscito ad afferrare Trilli dietro la testa, per quella che lui chiama la pellaccia, e ne agguanta così tanta che l'animale rimane imprigionato dentro la sua stessa sagoma. Trilli è solo unghie sfoderate, occhi rovesciati e bava quando lui la lancia contro il muro. "Così impari a pisciare sulla roba mia!"

Imparerà Trilli, forse nella prossima vita. Per fortuna ne ha sette ma una, di sicuro, se l'è bruciata ora, un mucchietto di pelo con un collarino rosa, tra il mobile della tv e l'armadio.

Lui prende il telefono, chiama, Samantha non risponde.

"Ne dovevamo parlare, cazzo, non mi può mollare così!" Niente, andata via, ha svuotato quasi tutto il suo armadio. "Dove sei andata a farti sbattere, questa volta?"

Il vestito blu, quello che le aveva regalato lui, lo ha lasciato. "Troppo serio per una come te!" Gliel'aveva comprato con tanto amore, lui sa quello che

le sta bene, e non se l'è mai messo, ha ancora l'etichetta che pende. Poi si lamentano che gli uomini non fanno i regali.

Con chi li mette i vestiti che si è portata? Per uscire con chi? Con chi porta in giro il suo bel culo, che lui glielo diceva sempre: "Non te ne accorgi, ma te lo guardano tutti. Copritelo un po', quando vai in giro. Mica ti chiedo di vestirti da suora o di metterti il burka, però, cazzo, uno scialletto, uno spolverino potresti mettertelo!"

E lei: "No, io mi vesto come voglio. La gente ha altro a cui pensare che al mio culo. Sei tu che non sai pensare ad altro."

"Poi vi lamentate che vi violentano", ma lei non lo ascoltava più e gli sculettava davanti nervosa. Con i vestiti estivi, non se ne rendeva conto, ma si vedeva tutto il movimento che passava da una chiappa all'altra, che sembrava nuda.

Quando aveva la luna storta invece cominciava a spaccare le cose e "Sono stufa, non si può andare avanti così, mi togli l'aria". Certe scemenze non si possono sentire e certo che qualche schiaffo volava! Litigavano sempre sulle stesse cose e poi facevano pace facendo l'amore. Lui il dubbio ce l'aveva che per lei, fare l'amore dopo aver litigato, non fosse davvero fare pace, ma una cosa fatta solo per farlo calmare. Farlo smettere con gli schiaffi e gli insulti, farlo addormentare. Per lui, invece, era sapere che almeno fino al giorno dopo, il tormento nella sua testa cessava. Poi lei sarebbe uscita di nuovo di casa e lui avrebbe ricominciato a chiedersi con chi era e che cosa stesse facendo lì, nel letto, nudi, lui dentro di lei, era sicuro che Samantha era sua e il mondo gli sembrava bello.

La gatta è rinata in una delle vite che le restano: gira la testa di qua e di là, tin tin, tin tin, e rantola.

"Dov'è andata la tua *mamma*?" Trilli non risponde, ma gli rinfaccia con il suo lamento che fino al giorno prima gli faceva le fusa sulla pancia e adesso lui le ha fatto male. È come la sua padrona, che lo rimproverava sempre: sei violento, sei violento! Lui non voleva, ma lei gliele tirava dalle mani le botte, con quell'atteggiamento strafottente che aveva. Bisogna anche saperli prendere gli uomini.

Samantha voleva tutto, voleva l'uomo forte e deciso e però voleva decidere lei. Per la gatta, per esempio. Lui non avrebbe preso un animale in casa perché è un impegno e soprattutto non una gatta, ma al massimo un cane; non una femmina, non l'avrebbe chiamata Trilli e non le avrebbe messo un

collarino rosa con il campanello. Però, quando discutevano, era lui quello colpevole di voler comandare!

Sbavando sangue, la gatta gli ricorda che l'avevano scelta come fosse la loro bambina, perché Samantha, come tutte le donne, a un certo punto aveva avuto l'istinto del coniglio e voleva un bambino, invece lui non ne poteva avere. Avevano fatto le analisi e i suoi spermatozoi erano senza coda, mezza testa, rallentati come una sfilata di reduci di guerra. Quando l'aveva saputo si era sentito una nullità, ma poi gli era passato e Samantha, da quando aveva Trilli, di figli non ne aveva più parlato.

La gatta sembra uno straccio per pulire il pavimento, molle e svuotata a parte la testa, che con quelle mossette a scatti ha ancora la forza di dare la colpa a lui.

"Non mi fai pena, cazzo, mi fai solo diventare sempre più nervoso!"

La finestra è aperta, la lancia.

"Ecco, la tua Trilli è volata via!"

È un gatto, uno stupido animale senza l'anima.

Il pavimento è un lerciume, ci sono tracce di quel corpo moscio ovunque. Non ha mai pulito in vita sua e nessuno è lì a vedere che lo sa fare. Se Samantha tornasse a casa, lui laverebbe in terra ogni tanto, così, per dimostrare che non è un fannullone come dice lei.

Il biglietto lo trova sulla credenza, nell'ingresso. Anche quella l'aveva scelta lei, con i fregi e i pizzetti, perché a lui sarebbe piaciuta una cosa moderna. C'è scritto: "Vado a farmi visitare al pronto soccorso e questa volta ti denuncio. Non mi vedrai mai più."

"Al pronto soccorso? Per due schiaffi?"

Ci erano già andati altre volte, ce l'aveva accompagnata lui stesso. Era fissata! Sempre convinta che si fosse rotto qualcosa dentro: sempre paura di morire. E poi la visitavano, le facevano le radiografie e niente, non aveva mai niente. Quando i medici le chiedevano, si rendeva conto che aveva esagerato e diceva che era caduta in casa o che aveva sbattuto in uno sportello. Vuoi denunciare uno per due schiaffi? Te li tirava dalle mani per come si faceva guardare. Se aveva trovato la forza di andarsene, non si era fatta solo guardare. Ma sono così, le donne sono così: prima ti provocano e poi ti denunciano.

Come quel cazzo di gatto là sotto, che ancora c'è qualcuno che pensa di poterlo salvare: l'hanno preso in braccio e guardano di qua. Che cazzo volete da me? Mica ho paura di quattro donnette che non hanno niente di meglio

da fare che proteggere bestie bisognose.

"È il gatto di mia moglie! È caduto dal balcone!"

Fanno segno come di lasciar perdere e girano gli occhi di là, con la faccia di chi sa con chi ha a che fare: è Samantha che parla male di me in giro! Io le ho dato mille possibilità di dimostrarmi che mi amava, che era mia fino in fondo e invece no, lei l'ha fatto, alla fine, e si è trovata un altro.

Sono sicuro che l'ha trovato, lei è una che non sa stare senza un uomo. Ma poi quale donna sa stare senza uomo? È incompleta. A meno che non sia una di quelle fiche secche, che credono di bastarsi da sole e a quarant'anni son già da buttare via.

"Rispondi al telefono, rispondi al telefono!" Suona libero, l'ha riacceso. Lo so che fa la sostenuta, ma poi non ce la fa. "Dai rispondi! Rispondi!" Se sapessi dov'è, andrei a prenderla per i capelli, ma chissà dove si è andata a nascondere. Da sua madre non c'è: il marito l'ha fatto morire a forza di mettergli corna e la figlia è come la madre.

E non risponde.

Mi vuol far diventare matto, vuole portarmi all'esasperazione, è questo che vuole fare, ma con me non ci riesce, non mi faccio mettere il piede sul collo!

"Hai deciso di farmi impazzire, eh?"

Sulla libreria laccata, la foto di lei, quella fatta al mare. Rideva con i suoi bei denti e con quei capelli lunghi, lui se li trovava dappertutto. Una volta ne aveva trovato uno intorno al cazzo che quasi quasi glielo strangolava. Era diventato tutto viola: un attentato vero e proprio! Poi si era tagliata i capelli e non succedeva più, ed era sempre bellissima ugualmente.

"Adesso sai che faccio? Guarda che cosa faccio, stronza! Per colpa tua devo distruggere il ricordo più caro che ho!"

Butta la foto contro il muro, là dove prima ha ammazzato il gatto e si rompe il vetro e la cornice con i fiori di ceramica. La foto, il suo sorriso, i suoi capelli lunghi, volano via, sempre come se ci fosse quel filo d'aria tagliente che aveva sentito quando è entrato in casa. E lui la rincorre e anche se il vento gliela vuol portare via, l'afferra. La guarda per l'ultima volta e la strappa, i pezzi li pesta sotto le scarpe.

"Ci piscio sopra, come ha fatto quel tuo gatto schifoso!" Lo tira fuori per farla, ma non gli viene. Si sforza, ma niente. "Mi hai levato tutto, stronza! Non riesco neanche più a pisciare, senza di te." Grida forte, che lo sentono anche i vicini. Ma ci sono abituati.

Intanto Pilar esce dal palazzo della signora Maria, dove fa le pulizie: tiene la borsa stretta tra il braccio e il fianco, perché ha preso lo stipendio e deve correre a fare il versamento per mandare i soldi a casa.

Angelito, il suo bambino, ha iniziato la scuola quest'anno e di soldi ne servono di più.

È contenta Pilar, anche se per avere più danaro deve lavorare di più e così, dopo che è andata in banca, invece che a casa andrà a lavorare dalla signora Egle che è paralizzata a letto. Suo figlio, quando sarà più grande farà il ricongiungimento famigliare e lo avrà finalmente con sé. Capirà Angelito, certo che capirà, che la mamma è stata lontana per tanti anni solo per dare a lui un domani.

Al suo paese il futuro non c'è, a malapena c'è un presente che fa pena e lei è venuta in Europa a guadagnarlo, il futuro. E quando fa il versamento in banca, non le sembra di mettere soldi, ma pezzettini dei giorni che verranno e che saranno migliori. Quelli che mette nella cassa continua non sono danari, sono mattoni per costruire per Angelito una vita migliore.

Migliore della stanza in subaffitto, un lettino e tre cassetti, per spendere il meno possibile; migliore del dolore che prova ad ogni risveglio per la mancanza del suo bambino, della rabbia che le fa avere le unghie rovinate, lei che ci tiene tanto alle mani! Ma la signora insiste che deve usare l'anticalcare tutti i giorni e i guanti di gomma non glieli compra, perché senza si pulisce più a fondo.

Pilar cammina verso la banca, che sta proprio sotto al palazzo con l'aiuola da cui ora si stanno allontanando quattro signore con l'aria incupita. Si guarda attorno perché, con tutti quei soldi in borsa, ha sempre paura dei ladri: oh, non se lo farebbe strappare tanto facilmente il suo malloppo! Lo difenderebbe con tutte le sue forze, griderebbe con tutto il fiato: "Al ladro, al ladro! Polizia!" Ma per fortuna niente facce sospette in giro, solo le donne che spariscono nel portone e un povero gatto morto adagiato sull'aiuola.

Per un attimo Pilar si dimentica della sua borsa e si ferma a guardarlo: chissà, è stato investito e poi qualcuno l'ha messo lì, nell'aiuola, tra i fiori. Forse quelle donne. Ha un collarino rosa con un campanellino, ma non suona più.

Samantha lo ha chiamato per l'ultima volta. Le assistenti sociali glielo hanno sconsigliato, ma non se l'è sentita di lasciare suo marito così, senza una spiegazione. Lui non ha mostrato di apprezzare il gesto, le ha ordinato di tornare subito a casa. Le ha promesso che non l'avrebbe toccata. Samantha non ci ha

creduto questa volta, ha detto no, che non sarebbe tornata mai più. Lui si è sentito morire, impossibile non vederla mai più.

"Tanto sempre qua devi tornare. Senza di me come campi?"

Lei non ha detto niente. C'è stato un silenzio nel telefono che sembrava fosse caduta la linea e lui ha trovato il coraggio di chiederglielo.

"Hai un altro?" Di nuovo sembrava fosse caduta la linea. E lui ha urlato: "Hai un altro?" E lei è stata zitta di nuovo. "Come tua madre sei, siete tutte così, tutte uguali, tutte troie!"

E anche il cellulare è finito contro il muro, lo schermo in mille pezzi.

Samantha ha richiamato, squillava libero. E invece lui era là, che sentiva squillare e cercava di rispondere, schiacciava, sfregava il touch screen, si tagliuzzava i polpastrelli ma non funzionava più niente. Allora si è sentito perduto, lì da solo con i suoi insulti, le sue bestemmie, il suo rancore. Tra i pensieri confusi ha cominciato a girare una frase, come una litania, che diceva:

"La prima che incontro l'ammazzo, la prima che incontro l'ammazzo. Tanto, una vale l'altra!"

E mentre ripeteva la litania e anzi no, la litania si ripeteva da sola nella sua testa, lui prendeva un coltello e apriva la porta e scendeva le scale. Incontrava un uomo che usciva dall'ascensore e la litania dalla testa gli arrivava alla gola e alla lingua e alle labbra: "La prima che incontro l'ammazzo", ha detto a quel tizio quasi sconosciuto.

E il tipo non ci ha pensato neanche un attimo a fermarlo, anche se solo a passargli vicino si sentiva l'aria che si spostava, e per cercare di calmarlo ha detto solo: "Ma non faccia così! Le donne…a volte…", e poi si è sentito un cretino, è entrato in casa e ha chiamato la polizia.

Uscito fuori, la prima che ha incontrato è stata Pilar che faceva una carezza alla gatta morta.

E appena si è sentita afferrare per le spalle e sollevare da dietro, i piedi che non toccavano più terra, per prima cosa ha tenuto ben stretta la borsa con dentro il suo futuro e la sola paura è stata che le rubassero i soldi dello stipendio. Ha gridato "Al ladro, al ladro!" e poi le è mancata la voce: il coltello gliel'ha tagliata via e finito. Finito il futuro di suo figlio. Finito tutto.

Sul posto, quasi subito, è arrivata la polizia.

L'icona

Igiaba Scego

La passerella era instabile. O forse lui semplicemente non era capace di rimanere in bilico tra i flutti. "Non si preoccupi, imperatore", gli disse un uomo al suo seguito, un italiano di circa 40 anni, dai baffi radi e dal sorriso beffardo, "le posso assicurare che nessuno cadrà nell'acqua, tantomeno lei." Il segreto – gli aveva spiegato – era mettere un piede dietro l'altro, senza fretta, senza agitazione. Uno dietro l'altro, andatura da soldati nel deserto, andatura da modelle in esposizione. "Non deve bloccarsi, imperatore, vada sempre avanti, mi raccomando", ribadì l'uomo, che aveva degli occhiali con una spessa montatura tartarugata e una cravatta a pallini; "è tutto più semplice di come immagina, vada avanti, non si fermi." Haile Selassie si sentiva un bambino su quella passerella. Fragile per la prima volta dopo tanti anni. Era così strana quella città, quella Venezia piena d'acqua in cui era finito. "E se ci inghiottisse?", pensava tra sé. Ma nonostante la paura, che in modo insensato gli si era incollata addosso, andava avanti un passo, poi due passi, poi tre passi. Uno dietro l'altro. Lentamente. Stando attento a dove mettere i piedi.

Intorno intanto Venezia esplodeva d'azzurro. Sommersa dal suo mare interno e dallo sconcerto dei turisti impreparati. Molti avevano ai piedi stivali di gomma comprati in fretta e furia per combattere l'acqua alta. E chi non era riuscito a trovare degli stivali adeguati cercava di fasciarsi i piedi con buste di plastica che avrebbero evitato almeno la fastidiosa sensazione dei calzini zuppi di laguna. "I piedi vanno coperti bene, imperatore", gli aveva detto l'uomo dalla cravatta a pallini, "se no, lo sa, la polmonite è dietro l'angolo." L'uomo era un funzionario del ministero degli esteri. Glielo aveva raccomandato Aldo Moro in persona, aggiungendo un classico "è il nostro miglior elemento alla Farnesina". E lo era! Eccome se lo era! Davvero molto efficiente. Ogni desiderio di Haile Selassie e della sua multiforme corte etiope veniva esaudito in pochi minuti. Peccato la voce. Gracchiava come una civetta. E l'imperatore, nonostante le lodi fatte da Moro, fin dal primo momento lo aveva trovato insopportabile. Lo tollerava appena, per dovere.

Niente toglieva dalla testa di Haile Selassie che quell'uomo con la cravatta a pallini un tempo avesse indossato la camicia nera e che in Etiopia, nella sua Etiopia, ci fosse stato al seguito di Mussolini. Che avesse stuprato, decapitato, ucciso, evirato etiopi, stonando a squarciagola ritornelli come *Se il Negus non risponde e all'armi fa l'appello, noi gli farem gustare l'antico manganello!*

Ora il funzionario era costretto dalla storia a servirlo e riverirlo. Era cambiato il mondo, per fortuna. "Ma se avesse l'occasione", pensava l'imperatore,

"costui mi ucciderebbe." Chissà se gli frullava ancora in testa quell'antico manganello.

Più volte, in quei giorni, cercò di guardargli le mani. Voleva appurare di persona se fossero ancora sporche di sangue. Niente. Nessuna traccia. Il tempo aveva cancellato ogni prova.

Quella mattina, però, pensieri più lieti attraversavano la testa del vecchio imperatore. Haile Selassie aveva gli occhi occupati da Venezia. Era distratto, quasi inebetito da quella città sospesa sull'acqua. Disse solo alla sua multiforme corte che aveva tanta voglia di camminare. Il funzionario della Farnesina cercò di dissuaderlo, gracchiando qualche impedimento meteorologico. "Non mi spaventa l'acqua", rispose deciso l'imperatore. E rifiutò il taxi che gli era stato messo a disposizione dallo stato italiano.

"Non posso andare via da qui senza vedere piazza San Marco", disse. E il funzionario che gli era stato messo alle calcagna cercò di organizzare a malincuore quella difficile passeggiata in laguna.

Piazza San Marco...

Era il sogno segreto dell'imperatore d'Etiopia, quella piazza. Il sogno del bambino che era stato e che aveva smesso di essere troppo presto.

Piazza San Marco, con la sua torre, le sue cupole a forma di bignè e i suoi grassi piccioni, in quel novembre del 1970 sarebbe stata finalmente sua. E i giganti, i due mori che scoccavano le ore, avrebbero sancito inaspettatamente la vittoria dell'imperatore sul destino che tutto divorava.

Quella mattina a Venezia Haile Selassie, al secolo Tafari Makonnen, Negus Neghesti, Potenza della Trinità, ultimo imperatore d'Etiopia, era felice.

Che sarebbe stato l'ultimo a ricoprire quella carica, però, non lo sapeva ancora. Era troppo presto per scontrarsi con il futuro. Lo avrebbe scoperto quattro anni dopo, nel 1974, quando una soldataglia infoiata lo imprigionò e lo soffocò con un cuscino, per seppellirlo poi, questo l'affronto più grande, di fretta, senza una cerimonia, senza una preghiera.

Ma quel giorno era ancora distante. Per lui, in quel novembre del 1970, c'era solo la felicità di vedere Piazza San Marco, come aveva sognato fin da piccolo.

Va detto che quel viaggio in Italia, imprevisto in fondo per l'imperatore, era stato davvero stupefacente. Soprattutto nella sua genesi.

Non era in agenda andare a visitare chi li aveva occupati e umiliati negli anni '30. Per gli etiopi l'Italia era il paese sconfitto ad Adua nel XIX secolo,

gloriosa vittoria dell'Africa contro una potenza imperialista. E il paese da cui nel Novecento era arrivato Mussolini, che per occupare la sacra terra d'Etiopia aveva usato qualsiasi mezzo, anche il più subdolo, come il gas iprite, le stragi, l'umiliazione dei corpi, i campi di concentramento. L'Italia aveva fatto piovere massacri sul capo degli etiopi e alla fine della guerra non aveva restituito loro il maltolto, la bella stele di Axum, che nel 1970 restava ancora là dove Mussolini l'aveva collocata: nello snodo della Roma imperiale, a piazza di Porta Capena, a pochi metri dal Ministero delle Colonie, all'epoca ancora in costruzione, che nel dopoguerra sarebbe divenuto il palazzo della FAO, l'organizzazione delle Nazioni Unite.

L'Italia li aveva fatti soffrire.

L'Italia era stata nemica.

Ma si doveva voltare pagina. L'imperatore lo sapeva. La guerra era finita. Vittoria! E già negli anni '40 Haile Selassie si era comportato da signore. Non aveva avviato nessuna purga interna contro gli italiani. Aveva solo preteso che la stele depredata tornasse ad Axum, suo sito naturale, e che i criminali di guerra che si erano macchiati di colpe orrende in Etiopia fossero giudicati da un tribunale internazionale. Purtroppo le sue richieste sensate vennero disattese dalla storia e dagli alleati.

Perché la storia, si sa, a volte è bastarda.

Haile Selassie si accorse così di essere solo di fronte ad un mondo che voleva solo occultare il passato.

Ecco perché quando arrivò da lui via Somalia quel ministro italiano, quell'Aldo Moro, lo accolse con ogni sfarzo.Era l'occasione giusta per ribaltare un copione che non aveva mai gradito. L'unica occasione per rimettere in campo la giustizia che era stata negata al suo paese.

Era un bel viso quello di Moro.

L'imperatore aveva visto le sue fotografie nel dossier che gli avevano preparato i servizi segreti.Bella fronte, pensò subito Haile Selassie. Bella bocca. Mi dà fiducia questo italiano.

Il dossier non aveva tralasciato nulla della vita di Moro, nemmeno il liceo classico dove il futuro ministro si era diplomato, quell'Archita di Taranto in cui il politico democristiano aveva imparato ad essere un *Mensch*, un essere umano. "Bella scuola", c'era scritto nel dossier. "Produrrà altri uomini degni, nel futuro."

Il dossier parlava anche dei suoi nemici. Moro ne aveva tanti. Alcuni insospettabili.

Haile Selassie non poteva immaginare che un giorno quell'italiano dalla

fronte ampia e dall'espressione franca sarebbe stato rapito e poi ucciso come un agnello sacrificale da un gruppo armato.

In fondo non immaginava di condividere con lui uno stesso futuro di morte violenta. L'assassinio era scritto nelle loro stelle. Così come la resurrezione.

In quella cena di stato ad Addis Abeba, però, nel luglio 1970, c'era altro in ballo. C'era la vita. C'erano Aldo Moro e Haile Selassie, l'italiano e l'etiope, uno accanto all'altro. Erano vivi, attivi, sorridenti; parlavano del presente, i due leader. Vivevano il loro presente.

E in quella calda estate etiope, Aldo Moro fu stupefatto dagli onori e dalla calorosa accoglienza del paese africano e di quel carismatico imperatore. In qualche modo doveva ricambiare. Doveva invitare quell'Haile Selassie, così piccolo di statura, in Italia e tributargli ogni onore, risolvendo finalmente il contenzioso della stele di Axum. Restituendola o al limite dando a quel popolo un risarcimento, in denaro, in ospedali, in scuole, in qualcosa. Dovevano seppellire quella storia molesta tra l'Etiopia e l'Italia ricominciando su basi nuove. Bisognava almeno tentare. Anche se c'era, va detto, tra gli italiani, chi vedeva ancora l'Africa come una grande colonia, dove vendere armi e fare il bello e il cattivo tempo.

Ecco perché, pochi mesi dopo la visita di Aldo Moro in Etiopia, l'imperatore si trovava a Venezia, in bilico su una passerella, in un piovoso novembre del 1970.

Era stato Aldo Moro ad aver lavorato a quell'invito in Italia. Aldo Moro a volerlo lì ad ogni costo.

Il viaggio in realtà era cominciato più giù, a Roma, nella capitale, giorni prima. Pioveva o c'era il sole il giorno del suo arrivo? L'imperatore non lo ricordava più. Era sceso all'aeroporto di Ciampino. Questo sì che se lo ricordava. E lì grandi discorsi. Tanta retorica.

Il piccolo grande imperatore ascoltava attento l'interprete, che traduceva veloce anche i respiri.

Il presidente della Repubblica Saragat gli strinse le mani. E Sandro Pertini, che negli anni successivi sarebbe diventato presidente della Repubblica a sua volta, gli sussurrò una frase che l'interprete tradusse così: "Imperatore, anch'io sono stato un partigiano. Combattevamo lo stesso nemico, lo stesso fottutissimo fascismo."

L'imperatore sorrise. Pertini, sorridendo anche lui, aggiunse: "A Ventotene, dove mi hanno mandato al confino, uno dei miei migliori amici era del Corno d'Africa."

Haile Selassie pensò in quel momento quanto la storia fosse sorprendente. Quanto tutto nella vita fosse alla fine ingarbugliato.

L'Imperatore e Sandro Pertini, un socialista che non la mandava a dire a nessuno, avevano combattuto lo stesso nemico. Uno in Italia, l'altro in Etiopia. Erano fratelli, anche se non sapevano di esserlo.

Il programma dopo l'atterraggio e i convenevoli prevedeva un corteo di macchine. Tutto era stato studiato nei minimi dettagli. Il corteo di autovetture scortate da corazzieri – così prevedeva il cerimoniale – lo avrebbe portato al Quirinale, ma prima si doveva fare un salto dal sindaco della città che lo aspettava con la fanfara davanti al Colosseo.

Haile Selassie non conosceva la città. Tuttavia capì subito che nel percorso che gli stavano facendo fare c'era qualcosa che non andava. Gli sembrò da subito troppo arzigogolato. La macchina faceva troppe deviazioni, inerpicandosi per vie secondarie, e l'autista, che vedeva nonostante il finestrino di separazione, sudava e sbuffava esausto. Quello che aveva sospettato fin dal primo istante fu poi confermato da numerosi articoli del giorno dopo, che l'interprete personale gli tradusse parola per parola. Maurizio Montefoschi, in particolare, sul Messaggero scriveva:

La ben nota esperienza in materia di deviazioni del traffico, messa a servizio del cerimoniale, ispirato questa volta a delicatezza e a sensibilità più che da ragioni protocollari, ha evitato all'imperatore d'Etiopia – con un perentorio quanto garbato divieto di svolta a sinistra – l'emozione di passare a pochi metri di distanza dall'obelisco di Axum trapiantato in Piazza di Porta Capena.[1]

Praticamente, le autorità italiane avevano studiato un percorso tortuoso e impervio pur di non farlo incontrare con la sua stele.

L'imperatore non si arrabbiò più di tanto per quella faccenda. Era un uomo di mondo. Sapeva bene come funzionava la diplomazia. Quella stele dopotutto era il contenzioso da discutere. E a lui non bastava solo vederla; lui, Haile Selassie, Negus Neghesti, Potenza della Trinità, Imperatore d'Etiopia, la sua stele voleva riportarsela a casa.

Sorrise quando l'interprete gli tradusse l'intera rassegna stampa. Un riso sarcastico, ma anche ammirato. Gli italiani non volevano rischiare nes-

---

1   Maurizio Montefoschi (1970), "Roma applaude Haile Selassie", in IL MESSAGGERO, 7/11/1970, p.16

sun incidente. Quella premura nei suoi confronti, tutto sommato, era un attestato di stima. E un po' gli piacque.

Era davvero tutto a rovescio, il mondo. Ma proprio per questo occorreva più cura del solito nelle faccende di stato.

Fin dall'inizio Roma decise di indossare per lui, per quel piccolo grande africano, gli abiti più belli.

Ai Fori Imperiali, lì dove Mussolini nel 1937 aveva celebrato l'annessione dell'Etiopia all'impero italiano con truppe in gran sfoggio, proprio in quella via Haile Selassie, grazie ad Aldo Moro, si prendeva la sua rivincita. La rivincita dell'Etiopia sulla storia.

Roma era colorata a festa. Ogni via era stata addobbata con grandiosi e vivaci arazzi seicenteschi. Le strade traboccavano di vita ed era tutta una distesa infinita di broccati e sete, di gialli e di blu. I romani, tirati a lucido, erano in tanti, di ogni età, di ogni schieramento politico e lo chiamavano a gran voce. Si sbracciavano per salutarlo. Alcuni di loro erano "i balilla cresciuti, che un tempo avevano cantato faccetta nera", scrisse Montefoschi sul Messaggero. Molti avevano le lacrime agli occhi. Erano scossi da quella grande piccola presenza in mezzo a loro. Haile Selassie, il negus tanto raccontato dai libri (quello di scuola incluso), era lì in carne e ossa. Che meraviglia! Che gioia!

E di quella gioia era partecipe pure Mario del Monte, un uomo sulla cinquantina, nato a Bevagna e cresciuto a Perugia, che dal dopoguerra si era trasferito a Roma dove aveva messo su famiglia.

Mario del Monte era un uomo gioviale, con tanti amici, con la partita settimanale a carte il giovedì, la cena dai suoceri il venerdì, il cinema – la sua passione – ogni volta che poteva. La moglie lo prendeva in giro: "Mario, tu ami più Audrey Hepburn che me", gli diceva. E un po' era vero. Amava tutto quello che era celluloide. Le sfuriate di John Wayne, l'ironia di Paul Newman, la sensualità di Ava Gardner e le paturnie della fragile Marilyn. Ma Audrey era la migliore. Una farfalla che ti dava l'illusione, quando la vedevi sullo schermo, che esistesse solo per te.

Audrey...

Prima della guerra, e lui in guerra c'era andato quasi bambino durante la campagna d'Africa, il cinema era un passatempo come un altro. Niente di particolare. Poi, dopo la guerra, era diventato altro, la sola ancora alla quale aggrapparsi per non affogare e morire. Il cinema lo faceva sognare, evadere, divertire. A Mario del Monte per essere felice bastava una sala buia, una bella

storia e sua moglie che gli teneva la mano in quella penombra rischiarata dallo schermo. La moglie, Teresa, umbra come lui, sapeva che Mario era rotto dentro. Qualcosa era andato storto in quella guerra infame in cui li aveva trascinati Mussolini. Ma non chiedeva. Aveva imparato negli anni a scivolare sul passato del marito. Anche perché la loro vita, con i tre figli, con la più grande, "quella ribelle testa dura", da maritare, era già un bel grattacapo e le riempiva tutto il cervello.

Teresa non c'era in mezzo alla folla osannante. Era rimasta a casa a cucinare, forse, o a stirare le camice, chissà.

Mario invece era lì, a Via dei Fori Imperiali, e tremava.

Aveva un oggetto, tutto avvolto in una carta color mattone, da dare all'imperatore. Tentò. Ma fu impossibile per lui avvicinarsi.

Chiese allora dei giorni liberi, era un piccolo funzionario delle poste; "dopotutto", disse ai suoi capi, "non ho avuto le ferie quest'anno." Non raccontò nulla alla moglie del suo piano folle. Di quell'idea fissa di incontrare l'imperatore d'Etiopia. Disse solo che andava a trovare suo fratello a Torino. Mario sapeva infatti che Haile Selassie ci sarebbe andato per visitare gli stabilimenti della Fiat. Era scritto su tutti i giornali. Quello che non c'era scritto era che l'avvocato Agnelli aveva voluto un massiccio servizio d'ordine. Per Mario, quindi, fu un altro buco nell'acqua. Non lo fecero entrare, anzi lo fermarono; la barba folta e i suoi occhi di ghiaccio non sembrarono del tutto rassicuranti alle forze dell'ordine. Riprovò alla stazione centrale di Milano, ma mancò l'imperatore per un soffio. Gli avevano indicato il binario sbagliato. E quando si accorse dell'errore era ormai troppo tardi. Il treno era partito. Gli rimaneva una sola occasione: Venezia. Non poteva mancarlo di nuovo. Si sentiva tranquillo. Lo aveva in pugno, ormai.

Una volta a San Marco lo lasciò ammirare da quella loro strana postazione, in bilico sulla passerella, la piazza piena d'acqua. Solo alla fermata del vaporetto (perché l'imperatore aveva insistito per prenderlo come i veneziani), e da una certa distanza, gli urlò in amarico: "Imperatore, la prego, mi lasci avvicinare."

Haile Selassie si meravigliò di sentir parlare la sua lingua da quell'italiano un po' calvo e con la barba folta. Chi era? Aveva l'accento degli abitanti di Addis. Vista l'età probabilmente aveva partecipato all'occupazione italiana del suo paese. Era tentato di dargli le spalle. Di ignorarlo. Invece ordinò alla corte di farlo avvicinare.

Mario, una volta davanti a lui, fece quello che sognava da tempo, si prostrò ai suoi piedi. Poi cominciò a balbettare lemmi ingarbugliati in un amarico sempre più incerto. "Arrivi al punto", lo incalzò l'imperatore con una certa veemenza. Era curioso, moriva dalla voglia di scoprire cosa ci fosse in quel pacco avvolto nella carta color mattone che l'italiano maneggiava con premura.

"Il punto è, imperatore", disse Mario del Monte con la voce rotta da uno strano sibilo, "il punto è che volevo restituirle una cosa."

E fu allora che Mario del Monte gli raccontò di quel 1936 quando era partito volontario per la guerra d'Etiopia. "Non sapevo nulla della sua terra", disse quasi giustificandosi, "credevo di liberare degli schiavi, così dicevano i giornali, dalle sue grinfie, signor imperatore. Nessuno dovrebbe essere schiavo."

Rivide come in un film, con una colonna sonora dolorosa che gli suonava dietro le spalle, sé stesso in Etiopia, un giovane scapestrato che sognava l'avventura e le belle donne. Era sceso a Massawa come tanti e in pochi giorni aveva raggiunto il suo reggimento stanziato al confine.

Faceva caldo in Africa Orientale, troppo caldo, Africa di merda. Questo fu il suo primo pensiero. Il secondo fu "perché mi trovo qui?" Mario era un ragazzo intelligente e capì presto che la propaganda di cui si era imbevuto in Italia gli aveva mentito. "Ma fu a Nord di Adua che mi resi conto di essere un invasore."

A quel punto Mario si morse la lingua che sanguinò. Poteva proseguire il racconto. Ma non lo fece. Non riusciva a dire all'imperatore di quando i suoi commilitoni avevano stuprato una bambina mentre gli ascari facevano da palo. Di come lui non fosse riuscito ad impedirlo. Dell'immagine di lei quasi morta e crocifissa ai corpi beffardi dei suoi carnefici. I commilitoni avevano chiesto proprio a lui di scattare una foto. La bambina era morta davanti al suo obiettivo ed era stata lasciata lì, in balia delle iene. Ne avevano incendiato, lui compreso, la capanna. Dopo, a pochi metri dal misfatto, aveva trovato una Santa dipinta su un'asse di legno. Era una Santa antica e dall'aureola blu. Una Santa addolorata per Gesù morto, ma felice per la sua resurrezione. Con i capelli biondi e la pelle nera. Ahi quanto assomigliava alla bambina uccisa.

Non disse nulla di quel giorno maledetto all'imperatore. Gli allungò solo l'oggetto, che altro non era che l'icona trovata nella valle del Tembien.

"Voglio chiederle scusa a nome di tutti gli italiani", disse Mario del Monte.

"Questa icona è sua, imperatore. L'ho presa nella sua terra e l'ho custodita per tutti questi anni. Con dolore. La restituisco ora a lei e al suo popolo. Perché solo lei, imperatore, ne è il legittimo proprietario."

E prima che Haile Selassie potesse rispondere qualcosa, Mario del Monte si strinse ancora di più ai piedi di quel piccolo grande imperatore e pianse.

Simona Sparaco

L'uomo che ce l'ha fatta

Paolo sta fissando l'uomo che ha di fronte, l'uomo che ce l'ha fatta. È seduto dietro una scrivania con le braccia conserte, neanche fosse una barricata, e si chiama Giorgio Vincenzi. È il titolare di una società di comunicazioni molto conosciuta a Roma, ma da ragazzo frequentava lo stesso liceo di Paolo, anche se ha appena ammesso di non ricordare la sua faccia.

"Cidonia. Neanche il cognome mi dice niente. In che sezione eri?"

Paolo cerca di soprassedere, è imbarazzato. A scuola non aveva molto successo. Era bravo, ma non come Giorgio, che aveva tutti intorno. Lui, Paolo Cidonia, quelli della scuola li ha sempre evitati, puntava dritto alla laurea in giurisprudenza. Chissà poi cosa si aspettava di trovare dopo, quando ha cominciato a lavorare nello studio notarile di suo padre, Gino Cidonia. Ancora se lo chiede. Di certo non che chiudesse così in fretta. Quando Gino è stato inghiottito dall'Alzheimer, prima ancora che dai troppi debiti, Paolo lavorava lì da un anno.

È da allora che cerca un lavoro decente, e adesso, occhi negli occhi di Giorgio Vincenzi, pensa che questa potrebbe essere l'occasione che stava aspettando. Certo, settecento euro al mese più i contributi sono una miseria, ma anche un punto di partenza. Anche Giorgio l'avrà avuto, un punto di partenza. Oltre che un bel po' di pelo sullo stomaco, a giudicare dall'aria caparbia che ha, così irrimediabilmente distante.

Solo che Paolo tutto si aspetta tranne che Giorgio tiri fuori una maschera. Per l'esattezza, un preservativo gigante con due piccoli fori all'altezza degli occhi.

"Il lavoro", gli dice, "consiste essenzialmente nell'accogliere il pubblico dei convegni indossando questa."

L'uomo che ce l'ha fatta non ha solo una faccia da stronzo, ma anche una proposta del cazzo.

"Insomma, non me lo vuoi proprio dire che ti hanno chiesto di fare?"

Sono amici da vent'anni, eppure stavolta Paolo non ha voglia di raccontare né di spiegare. Del resto Riccardo ha una considerazione diversa del lavoro. Ha smesso di studiare in terza media e da allora ha fatto di tutto. In ultimo il buttafuori di un locale, anche se a lui piace definirsi un PR, pronunciato all'americana, in quel modo tutto suo che fa molto ridere. Perché Riccardo è simpatico. Uno che piace. Soprattutto alle donne. Si ammazza di canne e qualche volta s'impasticca, ma sono anni che riempie un calzino di risparmi. Sì, uno di quei vecchi calzini con un buco ricucito all'altezza dell'alluce. Ha messo da parte parecchi contanti. Anche lui a suo modo è uno che ce l'ha

fatta: ospita Paolo a casa sua e paga regolarmente le bollette.

"Te l'ho detto, Ricky, è rappresentanza. Ma se decido di accettare il lavoro, non mi va che tu e Vittoria veniate al convegno... voglio stare tranquillo. Mi agitate, voi due. Fammi la cortesia."

Vittoria è la fidanzata di Paolo e studia per diventare estetista. È stata lei a tirarlo fuori dalla brutta piega che stava per prendere la sua vita quando tutto è naufragato. Ha gli occhi talmente azzurri che Paolo, ogni volta che li guarda, ha l'impressione di annegarci.

Riccardo, invece, ha un tribale tatuato sul petto che arriva fino al collo. Si sta slacciando i primi bottoni della camicia per farlo vedere. "Va bene, ho capito", e si dà una spruzzata di profumo anche sui capelli, ora raccolti in un codino scuro. "È tutto il giorno che me lo ripeti."

"Perché tu non fai che chiedermi di che lavoro si tratta."

"Te lo chiedo solo perché di solito chiamano le donne per questo genere di cose. Tutto qui. Ma se proprio ti rode che veniamo a vederti, non ci veniamo, tranquillo. Basta che accetti." Poi si avvia verso l'ingresso, e mentre si dà un'ultima controllata allo specchio del corridoio, gli dice: "Oggi ho contato i soldi che ho racimolato nel calzino", e sulle sue labbra sottili compare un ghigno compiaciuto. "Spara una cifra."

"Che ne so?"

"Ti dico solo che potrei concedermi il viaggio in prima classe e non aggiungo altro."

Un altro loro ex compagno di classe delle medie, Carlo Felici, si è trasferito in Indonesia, dove gestisce una società che affitta ville ai turisti. Dice che si fanno molti soldi e si vive da signori. Riccardo è lì che vuole trasferirsi, sta solo aspettando che Paolo trovi un impiego per lasciargli l'appartamento.

"E tu che dicevi tanto di andare a metterli in banca. A quest'ora le spese del conto mi avrebbero dimezzato la cifra. Tu e il tuo infallibile senso degli affari!" Poi si porta l'indice alla fronte in cenno di saluto e si chiude la porta alle spalle.

Qualche ora più tardi Paolo è nudo sul letto. Sta contemplando le tette di Vittoria che oscillano sopra di lui in una danza ipnotica, finché un rumore di porta che sbatte e una risata di donna non la fanno ritrarre sotto le lenzuola.

"Che succede?" Paolo è stordito. Mentre Vittoria è infastidita: "Chi vuoi che sia? È tornato Riccardo."

Una risata stridula s'infila sotto la porta. Lei fa una smorfia: "Con una.

Sarà una sciampista... Sentila, come ride."

Paolo è ancora troppo estasiato dai movimenti di poco prima per lamentarsene: "Eh... ride, si vede che le sta simpatico. Dai, vieni qui", e cerca di riportare Vittoria a sé, mentre si domanda come faccia a piacergli ancora in quel modo. Come se non fossero passati quasi tre anni e lei non avesse sempre quel tono di rimprovero. Come se non gli desse continuamente dello sfigato. Eppure Vittoria gli piace esattamente così com'è: una salvezza, una benedizione. E se potesse se la sposerebbe subito, senza pensarci un attimo.

"Vedrai che adesso smette di ridere."

Lei solleva gli occhi al cielo: "Non capisci proprio allora."

"Questa è casa sua, che devo fare? Devo andare di là a dirgli basta con le donne che ridono?"

"Basta donne e basta. Basta lui. Basta te e lui nella stessa casa. Io voglio venire a vivere con te e quello non lo voglio più tra i piedi, lo capisci? Se tu lavorassi, un lavoro serio, di quelli stipendiati come Cristo comanda, potresti permettertela da solo questa casa."

"Questione di pochi mesi, ci sto lavorando."

"Pochi mesi... sono due anni che mi dici pochi mesi. Due anni di colloqui che non si sa mai come vanno a finire. L'ultimo, per esempio?"

"Mi richiamano."

"Ma chi ti richiama, Pa'? Siamo sempre insieme e il tuo cellulare è una bolletta scaduta!"

Lui sorride, incassando il colpo, poi la tira verso di sé cingendole le spalle. Dopo qualche resistenza, lei finalmente si lascia andare, e non si accorge subito dei gemiti di piacere e del cigolio della rete di un materasso che provengono dall'altra stanza, se non quando si fanno più insistenti. Allora torna a ritrarsi: "Basta, io non ce la faccio più."

Paolo cerca nuovamente di addolcirla con una smorfia spiritosa: "Ora non stanno mica ridendo!"

Vittoria gli tira il cuscino in faccia. "Sei insopportabile", poi si alza e comincia a rivestirsi.

"Dove vai?"

"A casa. I miei mi aspettano."

"Dai... sul serio non..."

"Vivo ancora con i miei, te lo ricordi? Vorrei venire a vivere con te, ti ricordi anche questo?"

Paolo sospira.

"Un lavoro, Paolo. Un lavoro e io resto qui per sempre. Hai capito? Per sempre." E lo fissa negli occhi mentre si tira su la lampo dei jeans.

Paolo, sbarrando gli occhi in un'espressione di finto terrore, le chiede: "Per sempre tipo? Tipo per sempre per sempre?"

Non è riuscito a strapparle il sorriso che sperava: Vittoria non risponde e si avvia verso la porta.

Il sole ha riacceso i colori sgargianti della casa di Riccardo e Paolo si sta preparando un caffè nella cucina gialla e verde dell'amico quando alle sue spalle compare una stanga bionda in mutande e reggiseno.

"Coffee?"

Paolo si schiarisce la voce: "Eh? Sì, caffè. Do you vuoi?"

"Thank you."

Lo sguardo gli cade sul pizzo rosa che le vela i capezzoli, e pensa che gli piacerebbe sapere l'inglese come Riccardo, che l'ha imparato rimorchiando.

"Sciugarr?"

La donna ride: "Thank you. Two spoons, please."

Senza capire, Paolo le porge il barattolo, sentendosi sempre più idiota.

"Ueilà. Già in piedi?", lo apostrofa Riccardo raggiungendoli in cucina. Anche lui è in mutande, con Iron Man disegnato su un fianco. La donna gli dà un bacio malizioso e si ritira in camera con il suo caffè, lasciandoli soli.

"Chi era quella gnocca?"

"Una con due belle tette."

"Quella era una gnocca con i controcoglioni, altro che tette."

"Dammi retta, Pa', la meno peggio."

Che aria da gradasso, Riccardo, ogni volta che si sveglia dopo una seduta di sesso.

"Dici sempre così: 'la meno peggio', e poi arrivi a casa con una che sembra uscita da un casting."

"Se pensi che siano gnocche queste, è perché non sei mai stato in Indonesia. Ho risentito Carlo ieri, mi ha detto che devo sbrigarmi, lì è il paradiso."

"E tu quando vorresti partire?"

"Il prima possibile. Tempo di organizzarmi."

"E io?"

"Non sono io quello che ha deciso di fidanzarsi: potevi pensarci prima. Piuttosto, cercati un lavoro, così quella matta di Vittoria smette di ammorbarti!"

Due settimane più tardi Paolo osserva il mondo da due piccoli fori, dentro la sua maschera da preservativo gigante, e il mondo è un convegno sull'educazione sessuale. Una folla inaspettata. C'è chi lo indica sorridendo e chi lo studia incuriosito. Ma nessuno sa che lui è lì dentro. E nessuno dovrà mai saperlo, perché il confine tra la comicità e il dramma è una linea sempre più sottile che si chiama dignità.

L'unico a conoscere l'identità dell'"'uomo preservativo" è Giorgio Vincenzi, quello che ce l'ha fatta, e che ha appena varcato la soglia del convegno scortato da uno dei suoi tirapiedi, per entrare nel campo visivo di Paolo.

Giorgio non si degna neanche di salutarlo e, prima di continuare il suo giro perlustrativo, lascia che il tirapiedi si avvicini a Paolo.

"Stai attento a quello che fai", gli si rivolge il tipo in tono minaccioso. "Rispondo io delle tue cazzate. Alla prima sei fuori, intesi?"

Paolo manda giù lo sputo che avrebbe preferito vedere spalmato sulla fronte del tirapiedi e annuisce. La faccia dell'uomo si sposta su e giù dietro le due fessure per gli occhi, poi scompare dietro un gruppo di ragazzini sghignazzanti.

Poco dopo Paolo avanza tra la folla e a un tratto si ferma, perché riconosce le figure di Riccardo e Vittoria stagliate sullo sfondo.

Meno male che aveva chiesto all'amico di non venire, pensa mentre riprende a camminare e si avvia verso di loro. L'avrà costretto Vittoria che ama le sorprese, riflette, e intanto immagina la faccia che faranno quando capiranno chi è nascosto dietro il preservativo gigante.

Colpito, però, dall'atteggiamento insolito dei due, si ferma a pochi passi. Riccardo, con un gesto stizzito, fa segno a Vittoria di mantenere le distanze, di contenersi. "Io non lo vedo...", le dice, guardandosi intorno.

"Forse ci ha detto una cazzata per farci stare tranquilli, così tu parti e io smetto di lamentarmi. Sarai contento, no? Nel giro di pochi giorni ti libererai di me."

Entrambi guardano la maschera, ma senza rimanerne particolarmente colpiti, come invece succede a chi si avvicina con battute e risolini. Paolo è lì dentro e sente un freddo improvviso, ha l'impressione di rimpicciolirsi.

"Ti troverai una bella indonesiana e vivrai felice e contento", sente dire dalla bocca della sua Vittoria. "E lui non saprà mai del male che mi hai fatto."

"Piantala. Sei patetica."

"E tu un disonesto. Dovevamo parlargliene."

"Ma fammi il piacere."

La vista di Paolo si offusca. Continua a sentire freddo, eppure sta sudando.

"Non partire, ti prego. Mi sento male, Ricky. Senza di te io non ce la faccio."
È la voce di Vittoria, è ancora lei che parla.

Paolo perde l'equilibrio per un attimo, ma resta in piedi. Qualcuno lo spintona. Comincia a indietreggiare, mentre le figure dei suoi amici si fanno sempre più piccole nelle fessure della maschera. Poi si volta e aumenta il passo. È agitato, inciampa. Ancora non cade, qualcuno gli viene addosso. C'è uno scontro. La faccia del tirapiedi ricompare nel suo campo visivo. Sta sgranando gli occhi per l'affronto, ma Paolo non gli dà il tempo di proferire parola perché si sfila la maschera dalla testa e la lascia cadere per terra.

"Ne ho già fatta una di cazzata", gli dice con i capelli dritti e un'espressione sconvolta. "Anzi dieci, cento, un milione di cazzate. Ma, e dillo pure a Vincenzi, schiantare di caldo tutti i giorni dentro un preservativo gigante è la più grossa di tutte."

Un uomo dentro una tuta rosa è fermo a un incrocio. A colpire l'interesse dei passanti, molto più dello strano abbigliamento, è l'espressione afflitta del suo volto. Neanche lui si riconosce. Si vede riflesso sulla vetrina di un negozio e si domanda dove sia finito, e dove sia finito tutto quello in cui credeva. Può raggiungere il Tevere: da sempre lo scorrere dell'acqua lo distende. Attraversa le strisce pedonali senza accorgersi che è rosso. Un'utilitaria bianca frena e suona il claxon. Lui non gli dà peso. Scavalca un muretto per scendere in mezzo alle frasche e si lascia cadere sull'erba a pochi metri dalla sponda. Guardando il cielo, con un'ansia nel petto che assomiglia a un laccio emostatico, a poco a poco cerca di ritrovarsi.

Più tardi, quello stesso uomo è sdraiato sotto le coperte del suo letto con le spalle alla porta.

"Ma si può sapere dove sei stato?", esclama Riccardo entrando nella stanza. "Al convegno non c'eri. Vittoria ti ha chiamato tutto il giorno e non le hai mai risposto."

La voce di Paolo è un filo sottile, pare quasi un sibilo: "Ho un mal di testa feroce, penso anche la febbre. Se chiama Vittoria, dille che ci sentiamo domani."

"E il lavoro? I convegni?"

"Comincio dopodomani. Te l'ho detto: non mi sento bene."

"Ok, ti lascio riposare allora", gli risponde l'amico, prima di richiudere la porta.

Anche se non l'ha visto in faccia, Paolo sa che Riccardo aveva la stessa espressione disorientata che aveva suo padre quando cercava di capire le sue ribellioni, senza sapere che, dietro, c'era l'odio per lui, per le sue bugie, per le lacrime che aveva fatto versare alla moglie. Questo molto prima che lui e la madre di Paolo si separassero. Molto prima che l'Alzheimer azzerasse ogni cosa.

Riccardo, del padre di Paolo, quel giorno, aveva anche lo stesso tono di voce: il timbro ruvido del notaio Cidonia, che ora risiede in un centro specializzato nell'assistenza di persone come lui. Paolo si domanda se non sia finito così anche per salvarsi dai peccati che ha commesso: perdendone memoria.

Ora a Paolo è tutto così chiaro: una volta immaginava di diventare grande nell'illusione che il perdono fosse possibile, e ora che grande lo è davvero, oltreché disoccupato, lo considera inutile.

Un pensiero. Un pensiero che prescinde dalla sua identità, o da quella che ha creduto di possedere fino a quel giorno, gli viene in soccorso. E nel buio della stanza, d'improvviso gli offre uno spiraglio. Un piano d'azione.

Prende il cellulare e cerca la mail di Carlo Felici, partendo dall'indirizzo web della società che gestisce in Indonesia. Una volta trovato, comincia a scrivere.

Due giorni più tardi, in un bar di periferia, Vittoria sorseggia un aperitivo in compagnia di due amiche. Stanno parlando del matrimonio di una delle due.

Vittoria ascolta ogni parola sul vestito da sposa, i fiori e le bomboniere, e ripensa al matrimonio dei suoi genitori e a quando da bambina giocava con le bambole immaginandosi moglie e madre di famiglia. Spesso veniva dimenticata a casa di qualche amichetta e allora le prestavano un pigiama e qualcun altro, al posto dei suoi genitori che lavoravano troppo, l'indomani l'accompagnava a scuola. È tutta una vita che si sente così: dimenticata da qualche parte. È diventato il suo modo di stare al mondo. Da allora è quella che resta indietro, quella che si perde, che non riesce a sposarsi né a fare un figlio.

Il cellulare squilla e sul display compare il nome di Paolo. È l'uomo che sogna di sposare da due anni, l'unico che possa renderla moglie e madre. Che possa darle un'identità.

"Scusate, devo rispondere... Amore, dimmi tutto..."

Dopo pochi istanti le si spalancano le labbra in un sorriso sorpreso: "Stai

scherzando?... Bè, quattro ore non sono molte... È solo per qualche giorno?... Dammi almeno il tempo di passare a casa, fare una valigia e avvisare... ok... A dopo."

"Allora? Che è quella faccia?", domandano le amiche stupite.

"Era Paolo. Non sembrava neanche lui. Dice che mi ha fatto una sorpresa e che mi porta fuori per qualche giorno. Non ci posso ancora credere... Dobbiamo vederci tra quattro ore all'aeroporto. Dico, ce ne rendiamo conto? Paolo, proprio lui. Secondo me è uno scherzo... Ah, ma se è uno scherzo, questa volta mi sente..."

Al check-in di una compagnia aerea tailandese, nella postazione riservata ai passeggeri di prima classe, un ragazzo in jeans sdruciti domanda all'hostess di terra quanto tempo manca all'apertura del gate.

"Ancora due ore e mezza, signore. Lei è in anticipo."

"O forse in ritardo", risponde Paolo, come bisbigliando tra sé e sé. Poi dà un'occhiata alla porta d'ingresso. Il suo cellulare comincia a squillare e il nome "Ricky" compare sullo schermo. Paolo zittisce la suoneria, trattenendo un ghigno di fastidio misto a soddisfazione.

Riccardo tiene il telefono incollato all'orecchio nell'attesa che lo squillo si trasformi in risposta. Ha le mani sudate e il cuore che gli batte nel petto all'impazzata. Ha messo a soqquadro tutti i cassetti, ma non c'è più traccia del suo calzino. Deve ridare un po' di soldi a un pusher che sa essere molto cattivo e non riesce a capacitarsi di come possano essersi volatilizzati.

"Paolo, cazzo rispondi. Se ha lasciato la porta di casa aperta giuro che lo ammazzo..."

Poi, come se avesse avuto un'illuminazione, attacca il telefono. Si alza e raggiunge la stanza dove abitualmente dorme l'amico.

Paolo sta sorseggiando un caffè seduto al tavolo di un bar accanto ai check-in quando il suo telefono riprende a vibrare. Questa volta è Vittoria. E questa volta risponde.

Nel frattempo Riccardo è entrato nella stanza di Paolo e dopo un breve momento di esitazione, ha deciso di aprire tutti i cassetti e di continuare a cercare.

Vittoria si presenta sorridente al bar dell'aeroporto con la sacca in spalla.

Quando vede Paolo, la lascia cadere per terra, lasciandosi scappare una risatina di eccitazione.

Paolo invece resta calmo, deglutisce.

"Allora?", domanda Vittoria. "Mi sono scapicollata. Che cos'è questa sorpresa?"

Paolo continua a non ricambiare il sorriso: "Hai mezz'ora", le dice. "Le hostess del tuo aereo per Londra stanno per iniziare l'imbarco."

Vittoria sgrana gli occhi: "Che significa il mio aereo per Londra?"

"Significa che io ho ancora due ore invece."

"Per cosa? Stai scherzando?"

"Pensa: è stata la prima frase che mi è venuta in mente l'altro ieri al convegno."

Stavolta è Vittoria a deglutire: "Quando?"

"Perché sai, Vitto', io fino all'altro ieri mi sentivo uno sfigato, e ti vedevo troppo bella per me. E Riccardo troppo fico, troppo generoso. E pensavo: io lo troverò un lavoro, così me la sposo a Vittoria e pure Riccardo sarà contento. E va bene se m'hanno offerto settecento euro al mese per vestirmi come un preservativo ai congressi... tanto di cappello, dopotutto. E va bene pure se c'ho un capo che ha una faccia da stronzo e che quando eravamo al liceo mi trattava da emarginato. Va bene tutto. Tanto c'ho lei, mi dicevo, e presto c'avrò pure una famiglia. Poi però mi sono anche chiesto: ma io questa famiglia la voglio davvero? No perché sai, da quanto ne so io, le famiglie possono anche essere un'enorme cazzata. Guarda i miei... E sai quando me lo sono detto, tutto questo?"

Vittoria ha gli occhi lucidi e sbarrati, trattiene il respiro.

"Sai quando me lo sono detto che non ci volevo finire dentro a questa enorme cazzata, questa gigantesca menzogna?"

Vittoria continua a non rispondere.

"Quando stavo a sudare dentro a una maschera. E allora c'ho pensato e mi sono reso conto che non la voglio una famiglia, che voglio provare a fare tutto quello che fino all'altro ieri per principio non avrei mai fatto. A cominciare da un bel viaggio. E pure tu, Vittoria, c'hai bisogno di una vacanza, di schiarirti le idee. Adesso scusami, ma me ne vado alla lounge. Anche perché, francamente, qui il caffè fa schifo."

Paolo si alza. Vittoria continua a non dire niente, ha gli occhi pieni di lacrime.

"Non ti dimenticare di ringraziare Ricky per il biglietto", aggiunge Paolo prima di lasciar cadere dieci euro sul tavolo e allontanarsi verso il check-in.

La camera da letto dove dorme Paolo a casa di Riccardo è sottosopra. Riccardo ha trovato un foglio nell'ultimo cassetto e ora lo tiene tra le mani con una faccia incredula.

"Lo sapevo che alla fine saresti venuto a cercare in camera mia. Come si dice? Fidarsi è bene, ma non fidarsi è meglio. Il tuo calzino lo considero un piccolo indennizzo. L'altro giorno al congresso, sotto quella maschera, faceva un gran caldo. Speriamo che in Indonesia il clima sia più mite. Carlo mi ha assicurato che questa è la stagione migliore, anche per cominciare a lavorare. Quando gli ho raccontato la mia storia, mi ha consigliato di scriverti questa frase: 'La cosa peggiore che si può fare a un amico che ti tradisce con la tua donna non è togliergli il saluto, nemmeno fregargli tutti i risparmi, no, semplicemente: lasciargliela'. Credo che Carlo abbia ragione. E mi permetto di aggiungere: fidati, Ricky, quanto a Vittoria, è la meno peggio che ti poteva capitare."

Annegare

Nadia Terranova

E l'assaliva quest'angoscia: possiamo giacere nel tempo,
se ci accomodiamo in lui? Per questo è meglio avere molti tempi,
per non cadere definitivamente in nessuno.
Maria Zambrano

Ieri notte ho sognato di annegare.

Dormivo in mezzo alle correnti scaturite dall'incontro dei due mari in Sicilia, nella città dove sono nata, la città dove non vivo più; scaldava il letto il piede di mio marito appoggiato sulla mia caviglia e a un certo punto, nonostante il tepore sotto il lenzuolo e la coperta di lana, ho iniziato a entrare in acqua. Camminavo come se sapessi dove andare e l'acqua mi rinfrescava le caviglie, i polpacci, le ginocchia e poi le cosce, i fianchi, la pancia, il seno e le spalle, e ancora il mento e la bocca finché, appena provavo a parlare, d'improvviso sparivo inghiottita da un'onda. Un attimo prima camminavo in mezzo allo Stretto fra l'isola e il continente, fra il Tirreno e lo Jonio, fra Messina e Roma; un attimo dopo annegavo: non mi si annebbiava la vista e non perdevo le forze, solo accadeva questo, che in un istante entravo in acqua e il mio corpo non esisteva più.

Così mi sono svegliata e mi sono messa seduta sul materasso, ho chiamato sottovoce: "Pietro...", non perché avessi bisogno di lui, ma perché desideravo non escludere mio marito dal fatto che stavo morendo. Mi pareva un fatto contingente, morire, e volevo che ne fosse testimone. Avevo le braccia e le ascelle sudate, sudore sulla fronte e sulle spalle, lui ha mugolato il mio nome e si è svegliato, "Ida stai tranquilla", ha detto, e mi ha presa per un braccio, si è fatto forza ad aprire gli occhi e si è messo seduto accanto a me. Non c'era nulla che potessimo dirci affinché a me arrivasse una consolazione, e del mio sogno ho sentito di non poter condividere con lui né l'ingombro né la paura. Si è soli quando si sogna, si è soli quando si muore, si è soli sempre.

Una volta, dieci anni fa, stavamo insieme da pochi mesi, lo avevo rimproverato di interessarsi poco ai miei incubi, gli avevo detto che quando ero bambina mia nonna mi esortava a raccontarli, se non li racconti non ti liberi, diceva, e ora che lei non c'era più se lui non chiedeva io non potevo raccontare e non mi sarei liberata di niente. Allora Pietro aveva preso a chiedere come stavo la notte quando mi svegliavo di soprassalto, e la mattina prima di andare al lavoro: raccontami che hai sognato, insisteva e insisteva, e io provavo a rispondere ma non funzionava, non funzionano mai le cose quando si trasportano da un'epoca all'altra, stanno bene dove stanno e c'è un motivo per cui i ricordi devono restare nei ricordi e non devono venire a disturbare il presente. Avevo sbagliato a dirgli di mia nonna: mentre con lei, nel lettone profumato dalle lenzuola antiche, il racconto fluiva naturale, aprirmi con Pietro mi faceva fatica. Era lo stesso anche ieri notte, nessuno dei due aveva voglia di parole e quell'accordo fra noi era lontano, come lontani erano i tempi in cui alla paura rispondevamo con l'amore, agli incubi con il sesso.

Ho afferrato la bottiglia di plastica con l'acqua sul comodino e mi ci sono attaccata per lunghi sorsi. Pietro mi ha toccato la schiena con l'amore che abbiamo ora, un amore stanco, fatto di mani mai troppo intime che accarezzano la pancia all'altezza dell'ombelico, mani disperate che si aggrappano a un lembo di canottiera, all'elastico delle mutande, un amore che non diventa mai altro e non si spinge oltre, si rigira statico nell'affetto e si spacca in due da sé, mentre dopo una breve illusione, senza esserci fusi, ci ritraiamo e subito torniamo a essere quello che siamo, due creature ben separate. Era una danza, la nostra. Io bevevo e deglutivo e lui mi prendeva un braccio, tornavo sdraiata e si sdraiava pure lui, mi sono girata su un fianco e lui si è girato prima verso di me, a cucchiaio, e poi sul fianco opposto, infine ci siamo strofinati schiena a schiena per cullarci e provare a riaddormentarci. Seguirmi a fatica, ancora insonnolito, era il suo modo di amarmi, nel modo in cui le persone possono ancora amarsi dopo dieci anni; ci sono coppie fortunate che continuano a desiderarsi per tutta la vita, ma non era quello che era successo a me e mio marito. A un certo punto i nostri corpi avevano smesso di funzionare insieme, di incastrarsi nel sonno e nella veglia che lo precede, eravamo diventati respingenti l'uno per l'altra e questo era accaduto molto prima che smettessimo di fare l'amore. Il sesso è un linguaggio, e tra me e Pietro c'erano state molte parole pronunciate nei primi tempi del nostro rapporto, quando io scappavo dalla Sicilia e da una famiglia monca e colma di silenzi, e lui mi accoglieva a Roma facendosi compagno, genitore, fratello. Allora insieme

alla città avevo trovato una nuova me stessa, e lui era lì, sempre lì, con una disponibilità che mi commuoveva. In quei primi mesi ci spogliavamo ogni volta che potevamo e dopo esserci desiderati fino allo sfinimento eravamo felici, anche se un dettaglio avrebbe potuto avvisarci che non sarebbe durata: non facevamo mai l'amore due volte, la prima ci appagava, poi subito cominciavamo ad allontanarci e rivestirci. Tutto quello che cercavamo l'uno dall'altra riuscivamo a darcelo in un tempo minimo che non si allargava mai, dopo il quale ripristinavamo la nostra irriducibilità, quell'estraneità che era anche la nostra regola dell'attrazione. Ma presto – troppo presto per una storia che pretende di essere la storia della vita – quell'estraneità era diventata la norma. Avevamo cominciato a smettere di pensarci quando eravamo lontani; la libertà che ci eravamo donati a vicenda era diventata indispensabile per respirare, e quasi subito il corpo aveva smesso di essere il luogo della nostra comunicazione. Litigavamo spesso ma non ci facevamo mai veramente male: vivevamo all'ombra l'uno dell'altra vegliandoci con una cura che non avevo mai conosciuto nella mia vita precedente; per qualche tempo dopo la fine del desiderio avevamo coltivato un nostro rituale nel darci comunque piacere e soddisfazione, ma poi anche quello scambio era diventato inutilizzabile come un vecchio dizionario.

La colpa, lo sapevo e lo so anche adesso, è mia. Devo essere stata io a chiudermi per prima, disabituata come sono all'apertura.

Non c'è bisogno che qualcuno mi ricordi che non esiste colpa nei rapporti fra le persone: io sono abituata a pensare alla vita come un complesso di responsabilità, decisioni che avrei dovuto ribaltare, bivi in cui ho scelto la strada sbagliata. Sono abituata a pensare che ogni cosa accaduta sia colpa mia, a partire dal destino di mio padre, scomparso senza lasciare traccia quando avevo tredici anni. Nessuno ha mai saputo se il professor Laquidara si sia suicidato o sia partito, se è stato rapito contro la sua volontà oppure, come ho sempre creduto anche se il suo corpo non è mai stato ritrovato, se si è gettato in mare con consapevolezza. Semplicemente, un giorno mio padre era andato via dalla casa dove vivevamo in tre – lui, mia madre, io – e al suo posto era arrivata l'umidità che aveva cominciato a fendere i muri e a erodere le persiane. Ho accettato la sua dipartita come una punizione, non sapendo di preciso per cosa fossi punita, e insieme a mia madre ho provato ad andare avanti. Quando ho raccontato la mia storia a mio marito lui non ha obiettato nulla, ha accettato l'anomalia. Ha parlato d'altro. Ha detto che il lavoro che stavo perseguendo, l'insegnante di scuola secondaria, sarebbe stato per me

sbagliato come una tomba, ha detto che le vite degli altri, alunni genitori e colleghi, mi avrebbero travolta e nel giro di dieci anni mi sarei ritrovata inerme, succube e infelice. Mi ha detto che avrei dovuto invece cominciare a scrivere e mettere nelle storie che avrei inventato tutto il dolore che non poteva stare da nessun'altra parte. Non avevo parlato a Pietro dei diari che avevo tenuto dopo la scomparsa di mio padre, dentro cui avevo custodito il suo nome e gli aneddoti legati a lui, e da quel giorno mi sono convinta che la sua capacità di leggermi l'anima sia fuori dall'ordinario. Giorno dopo giorno mi sono affidata a lui. Mio marito è quella che chiunque definisce una brava persona, la sua serietà è una roccia e come tutte le rocce ha pareti su cui è faticoso, ostile arrampicarsi. Non saprei prenotare una visita dal dentista se non lo facesse lui per me, e non pagherei le bollette e le tasse se poi non avessi il pensiero di riporre le ricevute nei faldoni che lui ha predisposto per la casa; altre volte mi dico che non è vero, che invece riesco a fare tutto, dovrei smettere di usarlo come paravento e aprirmi alla possibilità di innamorarmi di qualcun altro. Una volta ho visto un'intervista a una famosa musicista che aveva perso il marito, musicista anche lui, accanto a cui aveva trascorso quasi sessant'anni, uno di quei casi che la gente definisce sodalizi artistici e di vita. L'intervistatore le chiedeva com'era i primi tempi, quando si erano innamorati, e lei storceva il naso e replicava: *What?!*, stupita chiedeva in che senso, non riusciva a comprendere cosa intendesse il giovane cronista con quel verbo, innamorarsi. Il dialogo fra loro verteva sul lutto e la vedovanza e sull'immenso legame che l'aveva tenuta vicino a lui per tutti quegli anni – questo era quello che contava, stare insieme ogni giorno, prendere insieme ogni scelta, conoscere a memoria l'odore, il sesso, il carattere dell'altro. Questo era il matrimonio. Tutto il resto era un mare tempestoso e sconosciuto che non valeva la pena attraversare.

Da quel giorno in cui in un bar all'Eur ho raccontato a mio marito, che conoscevo da tre settimane, la storia di mio padre che non avevo mai raccontato a nessuno, sono passati dieci anni. Oggi invento finte storie vere per la radio che qualcun altro legge, perché io detesto la mia voce e rido fra me quando il conduttore si sofferma con le pause giuste sulle mie parole, smuovendo negli ascoltatori pianti e risate. Il nostro programma è il più ascoltato del palinsesto, e fra quelle di tutti gli autori le mie storie sono le più potenti, le più immedesimabili. Le persone vogliono sempre sapere come vanno a finire; qualche volta le accontento e scrivo il seguito, ma perlopiù lascio quel desiderio inappagato: nessuno di noi umani sa come vada a finire l'esistenza,

facciamo il nostro ingresso a giochi iniziati e ce ne andiamo prima di poter assistere a una conclusione, e se le storie che invento devono somigliare alla vita allora che le somiglino davvero, che siano incompiute.

Ieri notte, quando ho sognato di annegare, ho sentito il nome, il corpo e la voce di mio padre farsi della stessa sostanza dell'acqua che si scansava intorno a me e in quella che si richiudeva sopra di me per affogarmi e zittirmi. Dopo che non sono morta, mio marito si è strusciato contro la mia schiena per cinque, dieci minuti, e poi si è riaddormentato. Io sono rimasta accoccolata verso il muro a scaldarmi al suo tepore sperando di non dover più affrontare il mare; la notte nasconde armi per difendersi, ma le avevo già esaurite tutte. Stavo tornando invisibile, mentre se fossi annegata, se fossi morta, avrei voluto solamente essere vista da mio marito.

Il contraltare della paura più nera è un'inaspettata leggerezza, perciò mi è venuta voglia di fare l'amore con Pietro come se dovessimo divorarci, come i primi tempi; mi sono girata verso di lui e ho cominciato a carezzarlo con irruenza, ma lui ha fatto un verso strano, interrompendo il ritmo del suo respiro, mentre tutto il corpo si contraeva in difesa. Ormai è così fra noi, possiamo sfiorarci e cullarci ma la possibilità di fare sesso ci fa ritrarre come animali terrorizzati: farlo non significherebbe avere più confidenza bensì averne di meno, perdere quel poco di intimità corporea che a fatica abbiamo acquisito. Ci conosciamo troppo bene per sfidare il pudore di vederci nudi, una vista di fronte alla quale nessuno dei due riuscirebbe a lasciarsi andare, e non perché non trovi bello o attraente il corpo dell'altro, ma perché non saprebbe più esattamente cosa dirgli. Tra noi dorme sempre quel vecchio, inutile dizionario.

Mi sono ritratta anche io e sono tornata sull'altro fianco, dandogli di nuovo la schiena. Ho premuto la mia mano sulla sua all'altezza del mio ombelico, e ho ricominciato a pensare a occhi aperti (quegli occhi aperti, i miei, dopo che non ero morta, e lui che dormiva: ecco l'immagine della distanza). Ho pensato che sono grata a Pietro per quel consiglio, al bar dell'Eur dieci anni fa. Oggi scrivo le mie finte storie vere per la radio e nell'anonimato mi guadagno rispetto e popolarità. Ogni giorno metto dentro quelle storie un po' del mio dolore e dell'acqua che esonda dalla mia vita, e a volte penso che basterà per salvarmi. Ma poi arriva un mormorio, il disturbo di una voce che mi suggerisce che invece no, la gratitudine non può bastare a non far annegare un matrimonio. Così, nell'insonnia che non finiva più, ho pensato che dovrei guardare in faccia mio marito e chiedergli se si è accorto di cosa

succede, mettermi di traverso al letto o alla porta e porre fra noi la questione: hai notato anche tu che il tuo cazzo e la mia fica non hanno più niente da dirsi. Dovrei mandare in frantumi tutto e allora forse si potrebbe ricominciare da capo, da quel giorno al bar dell'Eur. E siccome è colpa mia di ogni cosa fantastico di comportarmi al contrario, non raccontargli più nulla di mio padre, perché la confidenza immediata è un errore e gli esseri umani ci cascano sempre, e sempre fraintendono quella confidenza pensandola così robusta da poter edificarci su un'esistenza intera. E invece no.

Ho pensato a tutte queste cose tra il mio sudore, il respiro regolare di Pietro e la paura di un altro annegamento se avessi chiuso gli occhi; aspettavo l'alba che non voleva saperne di arrivare. Ma tutto arriva, prima o poi, a distruggere le persone che siamo state o crediamo di essere.

Autrici e autori

PAOLO DI PAOLO (Roma, 1983) nel 2003 è finalista al Premio Italo Calvino per l'inedito e al Campiello Giovani. È autore dei romanzi *Raccontami la notte in cui sono nato* (2008), *Dove eravate tutti* (2011, Premio Mondello e Super Premio Vittorini), *Mandami tanta vita* (2013, Premio Salerno Libro d'Europa, Premio Fiesole Narrativa e finalista Premio Strega) e *Una storia quasi d'amore* (2016), tutti per Feltrinelli. Ha pubblicato tra l'altro per bambini *La mucca volante* (2014, finalista Premio Strega Ragazze e Ragazzi) e *Giacomo il signor bambino* (2015; Premio Rodari). È tradotto in diverse lingue europee.

SIMONE GIORGI (Roma, 1981) è stato drammaturgo del Teatro delle Apparizioni dal 2002 al 2006, ha lavorato nel cinema e oggi scrive per la televisione. Nel 2012 è finalista al Premio Italo Calvino con il romanzo *Il peggio è passato*. Nel 2014 è per la seconda volta tra i finalisti del premio Italo Calvino, e riceve una menzione speciale per il romanzo *L'ultima famiglia felice*, poi pubblicato da Einaudi nel 2016 (Premio Liborio Guccione).

GABRIELLA KURUVILLA (Milano, 1969) è una scrittrice, pittrice e illustratrice italo-indiana. Architetto e giornalista, ha pubblicato: *Media chiara e noccioline* (Derive Approdi, 2001), *È la vita, dolcezza* (Baldini Castoldi Dalai, 2008 – Morellini Editore, 2014), *Questa non è una baby-sitter* (Terre di Mezzo, 2010) e *Milano, fin qui tutto bene* (Laterza, 2012). Per Morellini Editore cura la collana Città d'autore e illustra le copertine della collana Varianti.

GAIA MANZINI, nata a Milano, è autrice di *Nudo di famiglia* (finalista Premio Chiara) e *La scomparsa di Lauren Armstrong* (selezione Premio Strega, finalista Premio Rieti), entrambi editi da Fandango. Nel 2014 è uscito per Laterza *Diario di una mamma in pappa*. È tra gli autori del soggetto di *Mia madre*, ultimo film di Nanni Moretti (2015). Collabora con Treccani, Donna Moderna, la Repubblica. Il suo romanzo *Ultima la luce* è uscito per Mondadori nel 2017.

LUDOVICA MEDAGLIA, nata a Milano nel 1999, si è accostata alla scrittura soltanto recentemente e ha vinto il Premio Campiello Giovani nel 2016. Ha frequentato il Liceo Classico Beccaria di Milano e attualmente studia Storia Antica e Filologia Classica alla Scuola Normale Superiore di Pisa e Lettere Antiche all'Università di Pisa.

DEMETRIO PAOLIN (1974) vive a Torino. Ha scritto alcuni romanzi, *Conforme alla Gloria* (Voland) è entrato nella dozzina del Premio Strega 2016, finalista al Premio Moncalieri e Premio Tropea e ha vinto il Premio Subiaco. Si occupa di narrativa contemporanea, collabora con Il Foglio, il Corriere della Sera e Esquire.com. Tiene corsi di scrittura, ama giocare a calcetto e ascoltare gli AC/DC.

ANNA PAVIGNANO, nata in provincia di Novara, ha esordito per il cinema con il film *Ricomincio da tre*, di cui Massimo Troisi fu regista e interprete. La collaborazione con il grande attore continua fino a *Il Postino*, regia di Michael Radford (5 candidature all'Oscar, tra cui quella per la sceneggiatura). Per le Edizioni e/o ha pubblicato: *Da domani mi alzo tardi, In bilico sul mare* e *Venezia, un sogno*. L'ultimo romanzo è *La Svedese* (ed. Verdechiaro)

IGIABA SCEGO, nata a Roma, è di origine somala e nella sua opera è centrale il tema degli incroci e delle migrazioni. Tra i suoi libri ricordiamo *Roma Negata* (Ediesse, 2014), *Adua* (Giunti, 2015) e *Prestami le ali* (Rrose Sélavy, 2017). Collabora con le riviste L'Espresso e Internazionale ed è *fellow* del Center for the Humanities and Social Change dell'Università Ca' Foscari. Per il racconto *L'icona*: Copyright © [2018] Igiaba Scego. Published in agreement with Piergiorgio Nicolazzini Literary Agency (PNLA)

SIMONA SPARACO è nata a Roma. Nel 2008 ha pubblicato i romanzi *Lovebook* e *Bastardi senza amore*, con Newton Compton. Nel 2013, per Giunti, esce *Nessuno sa di noi*, vincitore del Premio Roma e finalista al Premio Strega. Del 2014 è *Se chiudo gli occhi* (Premio Selezione Bancarella, Premio Salerno Libro d'Europa e Premio Tropea). Del 2016 *Equazione di un amore*, sempre per Giunti. L'anno successivo, con Einaudi, esce *Sono cose da grandi*.

NADIA TERRANOVA è nata a Messina e vive a Roma. Ha scritto i romanzi *Gli anni al contrario* (Einaudi, 2015, vincitore di numerosi premi tra cui Bagutta Opera Prima, Fiesole, Brancati e del premio americano The Bridge Book Award) e *Addio fantasmi* (Einaudi, 2018), e diversi libri per ragazzi, tra cui *Bruno il bambino che imparò a volare* (Orecchio Acerbo, 2012) e *Casca il mondo* (Mondadori, 2016). È tradotta in diverse lingue europee. Collabora con la Repubblica e altre testate.

Traduttrici

CHRISTIANE BURKHARDT è nata nel 1966 a Stoccarda. Dopo una formazione professionale come operatrice editoriale ha studiato letteratura italiana, letteratura tedesca contemporanea e storia dell'arte all'Università di Monaco, dove vive tuttora. Oltre che dall'italiano traduce anche dall'olandese e dall'inglese.

RAGNI MARIA GSCHWEND è nata a Kempten, in Algovia, regione della Baviera, e vive da circa 40 anni a Friburgo. Altrettanto lunga è la sua carriera come traduttrice freelance per la letteratura, la saggistica e l'opera lirica in lingua italiana. Fra gli autori da lei tradotti si possono annoverare Ennio Flaiano, Tommaso Landolfi, Elsa Morante, Antonio Moresco, Italo Svevo, Fulvio Tomizza e, soprattutto, Claudio Magris. Per il suo operato ha ricevuto numerosi premi sia in Italia sia in Germania.

DR. RUTH MADER-KOLTAY, nata nel 1968 a Weingarten/Württemberg, è laureata in letteratura italiana e francese e letteratura tedesca contemporanea. Abita a Friburgo, dove lavora come docente presso la Società Dante Alighieri e come traduttrice letteraria.

STEFANIE RÖMER, nata a Zurigo nel 1966, ha studiato italianistica, politica economica ed economia aziendale presso le Università di Friburgo e Urbino. In passato ha lavorato nel settore dei media e come docente di italiano. Oggi, parallelamente al lavoro di traduttrice, insegna traduzione letteraria all'Università di Monaco.

Vite allo specchio

Spiegelungen